民法典普及推荐读本

民法典

继承编

实用问题版

实用问题及实务工具部分撰稿人
赵 微
辽宁省沈阳市中级人民法院
战宇思
东北大学文法学院

法律出版社 | LAW PRESS

出版说明

2021年1月1日《民法典》正式施行。《民法典》是一本写满民事权利的宣言书，与人民的生活密切相关，几乎所有的民事活动都能在《民法典》中找到依据。为帮助读者更好地理解《民法典》中的法律概念、术语以及具体条文的适用，我们从实用、易懂、便捷的角度出发，编写了“民法典实用问题版系列”图书。

本套图书具有以下特点：

1. 实用的解读。对重点条文根据立法、司法、行政机关的释义、解读以及相关法律法规的规定等进行精炼、准确的解答，为理解、适用《民法典》的条文规定提供实用的解读。

2. 实用的指引。结合生活、工作实践提炼法律适用问题，并依据《民法典》及相关法律法规、司法解释、部门规章的进一步规定进行分析解答，为处理法律事务、解决法律问题提供实用的指引。

3. 实用的工具。提炼法律知识图表，让成体系的《民法典》相关规定的适用一目了然，同时收录了常用的法律文书（合同）范本，供读者参照使用，为处理民事法律事务提供实用的工具。

4. 实用的依据。收录常用的法律法规、司法解释、部门规章等（电子版免费阅读使用，并持续更新），并以《民法典》的体例进行划分，条理清晰、查询方便，后续电子版将根据法律法规的变化持续调整，为处理民事法律事务提供实用的依据。

带着问题学习法律，以法律解决实际问题！希望本套丛书能够为广大读者带来切实的法律帮助。

2021年2月

《民法典》线上配套法律法规汇编

本汇编为“民法典实用问题版系列”的配套法规，旨在为读者提供便捷的、全面的在线内容查询。本汇编以《民法典》的体例划分，条理清晰、查询方便，后续将根据法律法规的变化持续调整，为处理民事法律事务提供实用的依据。

本汇编包含：(1)《民法典》全文正式版本。(2)《民法典》与《婚姻法》《继承法》《民法通则》《收养法》《担保法》《合同法》《物权法》《侵权责任法》《民法总则》相关法律的条文对照。(3)与《民法典》相关的法律、行政法规、司法解释、司法批复、司法文件、部门规章等。

目　录

民法典　第六编　继　承

实用问题

关联法规

实用工具

民法典

第六编 继承

第一章　一般规定

第一千一百一十九条　【继承编的调整范围】本编调整因继承产生的民事关系。

条文注解

继承是自然人死亡后,按照法律规定或者遗嘱处理分配其所遗留的个人财产的制度。继承是一种古老的法律制度,可以说自有财产私有制起,就涉及自然人死亡后其生前所积累财产的分割与处分问题。继承法律关系包括三个方面的内容:一是继承法律关系的主体,即依法享有继承权利、承担相应义务的人,主要包括被继承人和继承人、受遗赠人。被继承人就是死亡时遗留财产的自然人。被继承人只能是自然人。因为法人、非法人组织解散或者破产后,需要按照法律规定进行清算以处理其财产。继承人就是继承遗产或者有权继承遗产的人。受遗赠人就是根据被继承人的遗嘱接受其赠与的人。二是继承法律关系的客体,就是遗产,即被继承人死亡时所遗留的个人合法财产。继承法律关系所指向的对象,就是被继承人的遗产。继承法律关系围绕遗产的分割与处分展开。三是继承法律关系的内容,就是继承法律关系当事人之间的权利义务关系。在继承法律关系中,继承人享有继承权,同时也承担着相应的法律义务。

关联法规

《宪法》第13条,《妇女权益保障法》第34条,《公司法》第75条,《农村土地承包法》第32条

第一千一百二十条　【继承权受国家保护】国家保护自然人的继承权。

关联法规

《宪法》第13条,《妇女权益保障法》第34条,《未成年人保护法》第107条

第一千一百二十一条　【继承开始的时间及死亡先后的推定】继承从被继承人死亡时开始。

相互有继承关系的数人在同一事件中死亡,难以确定死亡时间的,推定没有其他继承人的人先死亡。都有其他继承人,辈份不同的,推定长辈先死亡;辈份相同的,推定同时死亡,相互不发生继承。

条文注解

本条第1款规定,继承从被继承人死亡时开始。继承的开始意味着继承法律关系的形成。继承开始的时间非常重要,继承开始的时间决定着以下五个重要问题:一是继承人、受遗赠人的范围。继承人有哪些、受遗赠人是否能够获得遗赠,都需要根据继承开始时有关当事人的法律状态来判断。如果被继承人死亡时,遗嘱所确定的受遗赠人在此前已经死亡的,则该受遗赠人不能享有受遗赠权。因此,一个民事主体是否享有继承权或者受遗赠权,需要根据被继承人死亡时该民事主体的法律状态具体判断。二是遗产的范围。被继承人死亡的时间是确定被继承人所遗留遗产的时间。被继承人生前可以根据自己的意志自由处分其所有的财产,因此,财产状况是变化的,难以确定的。而一旦被继承人死亡,此时被继承人遗留财产的种类、数量、范围、债权债务等才能最终确定。三是遗产所有权的转移。被继承人死

亡后不再具有民事权利能力,也就不能成为民事权利的主体,其所遗留的财产的所有权即应转移给继承人。因继承取得物权的,自继承开始时发生效力。因此,继承人死亡的时间就是遗产所有权移转的时间。四是遗嘱的效力。遗嘱订立后并不发生效力,只有在被继承人死亡时,遗嘱才生效。因此,继承开始的时间也就是遗嘱生效的时间。如果被继承人留有数份遗嘱,各遗嘱之间的内容有抵触的,根据继承编的有关规定,应当以被继承人生前所立最后的那份遗嘱为准。因此,一份遗嘱是否发生效力、是否有效,需要根据被继承人死亡时的具体情况判断。五是继承权的放弃。继承人有权放弃继承,但是根据继承编的规定,放弃继承必须在继承开始后遗产分割之前,继承人不能在继承开始之前表明放弃继承。因此,继承开始的时间决定着一个人所作的放弃继承的意思表示是否有效。

本条第2款的规定是从有利于保护继承人的利益角度考虑的。相互有继承关系的数人在同一事件中死亡的,根据本款规定,确定死亡时间需要根据具体情况判断。首先,在同一事件中死亡的相互有继承关系的数人,他们的死亡时间如果可以确定的,应当根据客观证据来确定。其次,如果没有证据能证明他们死亡时间的先后的,则需要根据各自的具体情况进一步作出推定。第一种情况,如果有人没有其他继承人,其与仅有的继承人都在同一事件中死亡的,推定此人先死亡。这样规定就可以使其遗产能够依法被继承,而不会造成无人继承的状况。第二种情况,如果他们都有其他继承人,就需要再进一步根据他们之间的辈份情况来推定,具体而言:其一,辈份不同的,推定长辈先死亡;其二,辈份相同的,推定同时死亡,相互之间不发生继承。

关联法规

《民事诉讼法》第33条,《最高人民法院关于适用〈中华人民共和国民法典〉继承编的解释(一)》第1条

第一千一百二十二条　【遗产的定义】遗产是自然人死亡时遗留的个人合法财产。

依照法律规定或者根据其性质不得继承的遗产,不得继承。

条文注解

本条第1款规定,遗产是自然人死亡时遗留的个人合法财产。遗产既是继承法律关系的客体,也是继承权的标的。遗产作为特殊的财产,与一般财产存在诸多不同。首先,遗产仅存在于特定时间段。遗产是自然人死亡后所遗留的财产。一个人活着的时候对自己所有的财产享有所有权,即便其立了遗嘱确定了死后财产的分割,只要他还活着,其所有的财产仍是个人财产,并非遗产。只有当他死亡后,其个人所有的财产才成为遗产。同样地,遗产一旦分割,也就转移成为继承人个人所有的财产,此时也不再是遗产了。因此,遗产是在自然人死亡之后到被分割之前特定时间阶段的财产状态。其次,遗产在性质上属于财产。遗产为被继承人遗留的财产,即财产性权利和义务。被继承人的人身性权利和义务不属于遗产的范围。

本条第2款规定不得继承的遗产。理解遗产的范围需要从三个方面把握:第一,遗产首先是财产或财产性权益,非财产性权利(人格权、人身权或相关权益)不得作为遗产继承;第二,遗产必须是合法的财产,非法的财产也非遗产的范围;第三,遗产必须是被继承人个人的财产,非个人财产不属于遗产的范围。根据本款规定,不得继承的遗产主要有两类:第一类是根据其性质不得继承的遗产,这主要是与被继承人人身有关的专属性权利,如被继承人所签订的劳动合同上的权利义务,被继承人所签订的演出合同上的权利义务。第二类是根据法律规定不得继承的遗产。根据本法第8条的规定,民事主体从事民事活动不得违反法律。如果法律有明确规定某些财产是不得继承的,继承人自然不得继承。

关联法规

《农村土地承包法》第32、54条,《公司法》第75条,《海域使用管理法》第27条,《著作权法》第21条,《保险法》第42条,《合伙企业法》第50条,《个人独资企业法》第17条,《社会保险法》第14条,《住房公积金管理条例》第24条,《最高人民法院关于适用〈中华人民共和国民法典〉继承编的解释(一)》第2条

第一千一百二十三条 【法定继承、遗嘱继承、遗赠和遗赠扶养协议的效力】继承开始后,按照法定继承办理;有遗嘱的,按照遗嘱继承或者遗赠办理;有遗赠扶养协议的,按照协议办理。

条文注解

根据继承方式与被继承人的意思是否有关,继承可以分为遗嘱继承和法定继承。

在通常情况下,如果被继承人生前没有留有有效的遗嘱,继承开始后,就需要启动法定继承制度,根据继承编所规定的继承人的范围、顺序、遗产分配方法等,确定各继承人之间所得遗产的数额。这是最为常见的继承方式。但有遗嘱的,按照遗嘱继承或者遗赠办理。如果被继承人生前留下了合法有效的遗嘱,被继承人的财产就需要优先根据遗嘱的内容来分配。此外,有遗赠扶养协议的,按照协议办理。遗赠扶养协议是自然人生前与继承人以外的个人或者组织签订的协议。当事人之间签订的协议,双方当事人都必须遵守。在遗赠扶养协议中,扶养人有负责被扶养人生养死葬的义务,同时享有获得遗赠的权利;被扶养人生前有权要求扶养人照顾自己,同时也有义务在死亡后

将自己的遗产赠与扶养人。

关联法规

《最高人民法院关于适用〈中华人民共和国民法典〉继承编的解释（一）》第3条

第一千一百二十四条 【继承的接受和放弃】继承开始后，继承人放弃继承的，应当在遗产处理前，以书面形式作出放弃继承的表示；没有表示的，视为接受继承。

受遗赠人应当在知道受遗赠后六十日内，作出接受或者放弃受遗赠的表示；到期没有表示的，视为放弃受遗赠。

条文注解

根据本条第1款的规定，放弃继承必须在特定时间作出，即继承开始后，遗产处理前。继承人放弃继承必须在此时间段作出，既不能在继承尚未开始前放弃，也不能在遗产分割之后放弃。放弃继承就是继承人作出不接受继承、不参与遗产分割的意思表示。放弃继承的继承人既可以是遗嘱继承人，也可以是法定继承人。放弃继承的意思表示可以是继承人本人作出，也可以通过其代理人作出。继承权是继承人依法享有的一种权利，继承人可以放弃，也可以不放弃，应当尊重继承人的内心意思，任何人不得胁迫、欺诈他人放弃继承。继承人放弃继承，必须以书面方式作出。

本条第2款规定，作出接受或者放弃受遗赠的期限为60日，即从受遗赠人知道受遗赠后的60日内作出。接受遗赠必须以明示的方式作出意思表示，受遗赠人在法定期限内不作出意思表示的视为放弃。就法律的本质而言，遗赠行为在某种程度上应当视为一种双方法律行为,遗赠人作出赠与的意思表示,受遗赠人需要接受赠与,这就需要双方意思达成一致方能成立,遗赠人不得将自己的意思强加给另一方。因此,如果受遗赠人在法定期限内不作任何意思表示,赠与的合意难以形成,法律不宜强迫当事人达成合意,故不宜规定受遗赠人不作出接受表示即视为接受。同时,考虑到接受遗赠属于行使权利的行为,不宜对当事人要求过高,在形式上法律不宜作硬性规定,只要受遗赠人作出意思表示即可,不必非得以书面方式作出。

第一千一百二十五条 【继承权的丧失和恢复】继承人有下列行为之一的,丧失继承权:

(一)故意杀害被继承人;

(二)为争夺遗产而杀害其他继承人;

(三)遗弃被继承人,或者虐待被继承人情节严重;

(四)伪造、篡改、隐匿或者销毁遗嘱,情节严重;

(五)以欺诈、胁迫手段迫使或者妨碍被继承人设立、变更或者撤回遗嘱,情节严重。

继承人有前款第三项至第五项行为,确有悔改表现,被继承人表示宽恕或者事后在遗嘱中将其列为继承人的,该继承人不丧失继承权。

受遗赠人有本条第一款规定行为的,丧失受遗赠权。

条文注解

继承权丧失,是指继承人因对被继承人或者其他继承人实施了法律所禁止的行为,而依法被取消继承被继承人遗产的资格。继承权丧失意味着继承人不再享有获得被继承人遗产的权利,继承人在继承开始后可以自主决定放弃继承权,但继承权丧失是法律规定取消继承权的情形。

本条第1款规定，继承人有下列行为之一的，丧失继承权：一是故意杀害被继承人。所谓故意杀害，就是故意剥夺他人生命。根据我国《刑法》规定，这种行为构成故意杀人罪。二是为争夺遗产而杀害其他继承人。首先，在主观上，必须有杀害的故意，且动机为争夺遗产。其次，在客体上，所侵害的必须是其他继承人的生命。最后，在客观上，实施了杀害的行为，当然无论这种犯罪行为是否既遂，都构成丧失继承权的法定事由。三是遗弃被继承人，或者虐待被继承人情节严重。本项包括两种情况：第一种情况是遗弃被继承人。需要注意的是，只要行为人实施了遗弃被继承人的行为，而无论这种行为是否严重，即依法将失去继承权。遗弃被继承人的行为也可能构成犯罪。第二种情况是虐待被继承人，如果继承人虐待被继承人情节严重，则构成丧失继承权的法定事由。继承人虐待被继承人情节是否严重，可以从实施虐待行为的时间、手段、后果和社会影响等方面判断。四是伪造、篡改、隐匿或者销毁遗嘱，情节严重。遗嘱是遗嘱人处分自己遗产的意思表示。自然人有处分自己财产的权利，有遗嘱自由，如果遗嘱被他人篡改、隐匿或者销毁，这就歪曲了遗嘱人的真实意思，伪造遗嘱更是如此。五是以欺诈、胁迫手段迫使或者妨碍被继承人设立、变更或者撤回遗嘱，情节严重。所谓欺诈，是指继承人故意欺骗被继承人，使被继承人陷入错误判断，并基于此错误判断而立遗嘱、变更遗嘱内容或者撤回所立遗嘱。所谓胁迫，就是继承人通过威胁、恐吓等不法手段对被继承人的思想施加强制，由此使被继承人产生恐惧心理并基于恐惧心理而立下遗嘱、修改遗嘱内容或者撤回所立遗嘱。

本条第2款规定，继承权恢复的前提条件是：第一，继承人是因为实施了本条第1款第3~5项的行为而丧失继承权，即继承人丧失继承权是因为遗弃被继承人，虐待被继承人情节严重，伪造、篡改、隐匿或者销毁遗嘱情节严重，或者以欺诈、胁迫手段迫使或者妨碍被继承人设立、变更或者撤回遗嘱情节严重。只有因为此3类事由丧失继承权的,方可以恢复。如果继承人因为实施了故意杀害被继承人或者为争夺遗产杀害其他继承人而丧失继承权的,则无论如何是不能再恢复继承权的。第二,继承人确有悔改。所谓确有悔改,就是继承人在实施上述行为后,从内心认识到自己的错误,并积极主动改正自己的错误。第三,被继承人作出了恢复继承权的意思表示。被继承人可以通过两种方式恢复继承人丧失的继承权。第一种就是被继承人表示宽恕,即被继承人原谅继承人所犯的错误,并予以饶恕。被继承人宽恕的意思表示既可以是以书面方式作出,也可以是口头的,只要其有此意思表示即可。宽恕的意思表示既可以是向丧失继承权的继承人作出,也可以是向其他人作出。第二种就是被继承人事后在遗嘱中仍将丧失继承权的继承人列为继承人。遗嘱的形式不限,只要是合法有效的遗嘱即可。在遗嘱中列为继承人,不一定是指定其为遗嘱继承人,也可以是在遗嘱中确定继承人仍可以参与法定继承的遗产分割。宽恕制度的目的是尊重被继承人的真实意思。如果继承人实施了第 1 款后 3 项规定的行为,即便其确有悔改,如果被继承人未作出恢复继承权的意思表示,其继承权仍无法恢复。

本条第 3 款规定,受遗赠人有本条第 1 款规定行为的,丧失受遗赠权。赠与虽然是单方法律行为,受赠人无须有积极的作为义务,但是根据《合同法》原理,如果受赠人实施了某些不利于赠与人或赠与人近亲属的行为,赠与人是可以撤销赠与的。遗赠同样如此,根据本款规定,如果受遗赠人实施了第 1 款的行为,受遗赠人将丧失受遗赠权。需要注意的是,丧失受遗赠权属于绝对丧失,受遗赠人一旦实施了第 1 款规定的行为,即永久丧失受遗赠权,不得再恢复。

关联法规

《刑法》第 232、260、262 条,《最高人民法院关于适用〈中华人民共和国民法典〉继承编的解释(一)》第 5~9 条,《最高人民法院关于适用

〈中华人民共和国民法典〉时间效力的若干规定》第13条

第二章 法定继承

第一千一百二十六条 【男女平等享有继承权】继承权男女平等。

关联法规

《宪法》第49条，《妇女权益保障法》第2、34、35条

第一千一百二十七条 【法定继承人的范围及继承顺序】遗产按照下列顺序继承：

（一）第一顺序：配偶、子女、父母；

（二）第二顺序：兄弟姐妹、祖父母、外祖父母。

继承开始后，由第一顺序继承人继承，第二顺序继承人不继承；没有第一顺序继承人继承的，由第二顺序继承人继承。

本编所称子女，包括婚生子女、非婚生子女、养子女和有扶养关系的继子女。

本编所称父母，包括生父母、养父母和有扶养关系的继父母。

本编所称兄弟姐妹，包括同父母的兄弟姐妹、同父异母或者同母异父的兄弟姐妹、养兄弟姐妹、有扶养关系的继兄弟姐妹。

条文注解

法定继承，又被称为"无遗嘱继承"，是指继承人范围、继承顺序、继承份额等均由法律直接规定的继承方式。法定继承与遗嘱继承是继承制度中的两种继承方式，法定继承是遗嘱继承的补充，在既没有

遗赠扶养协议又没有遗嘱的情况下，被继承人的遗产按照法定继承处理。法定继承具有以下特征：一是具有身份性，法定继承人的范围是基于一定的身份关系而确定，一般以血缘关系和婚姻关系为基础；二是具有法定性，法定继承中有关继承人的范围、继承顺序等的规定具有强行性，不得由当事人变更。法定继承的顺序，是指法律规定的法定继承人继承遗产的先后次序。由于法定继承人通常为多个人，法律需要明确法定继承人之间应当优先取得继承的人选。一般而言，被继承人与继承人之间血缘关系的远近及共同生活关系的密切程度是各国法律确定法定继承顺序的主要依据。法定继承顺序具有优先性和排他性，只有在没有前一顺序的继承人继承时，后一顺序的继承人才能继承遗产。同一顺序的继承人有多人时，原则上平均分配遗产，仅有一人时，则由其单独继承。

关联法规

《老年人权益保障法》第22条，《最高人民法院关于适用〈中华人民共和国民法典〉继承编的解释（一）》第10、11条

第一千一百二十八条　【代位继承】被继承人的子女先于被继承人死亡的，由被继承人的子女的直系晚辈血亲代位继承。

被继承人的兄弟姐妹先于被继承人死亡的，由被继承人的兄弟姐妹的子女代位继承。

代位继承人一般只能继承被代位继承人有权继承的遗产份额。

条文注解

代位继承制度是法定继承中的一项重要制度，对于保障遗产在各支系中合理分配、实现财产的传承、发挥遗产育幼功能等方面具有重

大作用。代位继承也被称为“间接继承”，是相对于本位继承而言，指具有法定继承权的人因主客观原因不能继承时，由其直系晚辈血亲按照该继承人的继承地位和顺序，继承被继承人遗产的制度。在代位继承中，具有法定继承权的人称为被代位继承人；按照被代位继承人的地位和顺序继承遗产的人称为代位继承人。代位继承制度有以下主要特征：(1)代位继承的发生原因为被代位继承人先于被继承人死亡。本法规定的代位继承的发生原因为被代位继承人先于被继承人死亡，主要有两种情况：一种是被继承人的子女先于被继承人死亡；另一种是被继承人的兄弟姐妹先于被继承人死亡。(2)被代位继承人为被继承人的子女或者兄弟姐妹。本法规定的被代位继承人的范围为被继承人的子女或者兄弟姐妹，子女包括婚生子女、非婚生子女、养子女和有扶养关系的继子女，兄弟姐妹包括同父母的兄弟姐妹、同父异母或者同母异父的兄弟姐妹、养兄弟姐妹、有扶养关系的继兄弟姐妹。(3)代位继承人为被继承人的子女的直系晚辈血亲或者被继承人的兄弟姐妹的子女。本法规定的代位继承人的范围为被继承人的子女的直系晚辈血亲或者被继承人的兄弟姐妹的子女。在这里需要注意两点：一是被继承人的子女的代位继承人与被继承人的兄弟姐妹的代位继承人的亲等限制有所不同。二是代位继承人要根据被代位继承人的地位和顺序继承遗产。(4)代位继承的份额一般为被代位继承人有权继承的遗产份额。代位继承的份额，是指代位继承人通过代位继承的方式能够取得的遗产份额。本法规定代位继承人一般只能继承被代位继承人有权继承的遗产份额，即被代位继承人如果健在时能继承多少份额，代位继承人也一般只能继承多少份额。

关联法规

《最高人民法院关于适用〈中华人民共和国民法典〉继承编的解释(一)》第14~17条，《最高人民法院关于适用〈中华人民共和国民法典〉时间效力的若干规定》第14条

第一千一百二十九条 【丧偶儿媳、丧偶女婿的继承权】丧偶儿媳对公婆，丧偶女婿对岳父母，尽了主要赡养义务的，作为第一顺序继承人。

条文注解

法定继承人一般与被继承人存在血亲、婚姻关系，《继承法》除了高度重视这两种关系以外，还高度重视扶养关系在继承中所起的作用。尽了主要赡养义务的丧偶儿媳和丧偶女婿可以作为第一顺序继承人参与继承。

关联法规

《妇女权益保障法》第35条，《最高人民法院关于适用〈中华人民共和国民法典〉继承编的解释(一)》第18、19条

第一千一百三十条 【遗产分配的原则】同一顺序继承人继承遗产的份额，一般应当均等。

对生活有特殊困难又缺乏劳动能力的继承人，分配遗产时，应当予以照顾。

对被继承人尽了主要扶养义务或者与被继承人共同生活的继承人，分配遗产时，可以多分。

有扶养能力和有扶养条件的继承人，不尽扶养义务的，分配遗产时，应当不分或者少分。

继承人协商同意的，也可以不均等。

条文注解

对于法定继承中遗产份额的分配应当遵循以下原则：(1)一般情

况下，同一顺序继承人继承遗产的份额应当均等。(2)特殊情况下，同一顺序继承人继承遗产的份额可以不均等。一是对生活有特殊困难的缺乏劳动能力的继承人，分配遗产时，应当予以照顾。二是对被继承人尽了主要扶养义务或者与被继承人共同生活的继承人，分配遗产时，可以多分。三是有扶养能力和有扶养条件的继承人，不尽扶养义务的，分配遗产时，应当不分或者少分。四是继承人协商同意的，也可以不均等。法定继承人之间应秉着互谅互让、和睦团结的精神协商分配被继承人的遗产。我国《继承法》充分尊重当事人之间的意思自治。各法定继承人经协商一致，同意不均分遗产的，继承份额也可以不均等。

关联法规

《老年人权益保障法》第13~24条，《最高人民法院关于适用〈中华人民共和国民法典〉继承编的解释(一)》第4、12、13条

第一千一百三十一条　【酌情分得遗产权】对继承人以外的依靠被继承人扶养的人，或者继承人以外的对被继承人扶养较多的人，可以分给适当的遗产。

条文注解

对于本条规定，需要从以下四个方面进行理解：(1)可以分给适当遗产的人为继承人以外的人。本条的宗旨即在于创造一种新的遗产取得方式，使继承人以外的其他人基于正义、扶助的理念获得一定数量的遗产，因此可以分给适当遗产的人为继承人以外的人。(2)可以分给适当遗产的条件为继承人以外的人与被继承人之间具有扶养关系。不是继承人的人，只要其与被继承人之间具有扶养关系，可以依

据本条规定分得适当的遗产。与被继承人之间具有扶养关系，既包括依靠被继承人扶养的情形，也包括对被继承人扶养较多的情形。(3) 可以分给适当遗产的份额不具有确定性。本条规定，对于与被继承人之间具有扶养关系的继承人以外的人，可以分给适当的遗产，没有对可以分得遗产份额的数额作出明确规定。(4) 可以分给适当遗产的适用情形为遗产按照法定继承办理时。如果被继承人生前以有效的遗嘱或者遗赠扶养协议等处分了其全部遗产，而没有为与其有扶养关系的继承人以外的人保留遗产份额，则应充分尊重被继承人的意思表示，不能以本条法律推定的被继承人的意思表示来取代被继承人已明示的有效的意思表示。

关联法规

《最高人民法院关于适用〈中华人民共和国民法典〉继承编的解释（一）》第 10、20～23、41 条

第一千一百三十二条 【继承处理方式】继承人应当本着互谅互让、和睦团结的精神，协商处理继承问题。遗产分割的时间、办法和份额，由继承人协商确定；协商不成的，可以由人民调解委员会调解或者向人民法院提起诉讼。

条文注解

在法定继承中，如果继承人为 2 人以上，就需要在继承过程中平衡相互之间的利益关系。一般而言，法定继承人之间具有亲属关系，为了避免继承人之间因争夺遗产而伤了和气甚至反目成仇，影响家庭和睦与社会安定，本法规定继承人应当以互谅互让、和睦团结为指导原则协商处理继承的相关问题，这既是践行社会主义核心价值观的要

求，也是法律的倡导性规范，当事人应当予以遵守。

遗产分割的时间，一般来说由继承人之间协商确定，既可以在继承开始后请求分割，也可以约定在一定的期间后或者特定的条件成就时再分割遗产。

遗产分割的办法，主要有四种：即实物分割、变价分割、补偿分割、保留共有。实物分割，一般适用于可分物的遗产，即对作为遗产的原物直接进行分割并分配给各个继承人。变价分割，既可以用于不宜进行原物分割的遗产，也可以用于继承人均不愿意取得该种遗产的情况，此时可以将该遗产变卖后换取变价款，各个继承人按照应当继承遗产的份额比例对变价款进行分割。补偿分割，适用于继承人中有人愿意取得某项不宜进行原物分割的遗产的情况，由该继承人取得该项遗产的所有权，然后由取得遗产所有权的继承人按照其他继承人应当继承遗产的份额比例，分别向其他继承人补偿相应的价款。保留共有，适用于遗产不宜进行原物分割，继承人又均愿意取得遗产，或者各个继承人基于某种目的，愿意保持共有状态的情形，此时各个继承人可以根据其应当继承遗产的份额比例对遗产享有所有权。

遗产分割的份额，应当以法律规定的或者当事人协商的各个继承人应当继承的遗产份额为依据。

在进行遗产分割时，主要有两种方式：一种为继承人协商确定的方式；另一种为人民调解委员会调解或者人民法院裁判的方式。在分割遗产时，由于主要涉及继承人之间的利益关系，法律在调整时鼓励当事人之间通过协商的方式确定遗产分割的时间、办法和份额，这充分体现了民法尊重当事人之间意思自治的原则。如果继承人之间协商不成的，则任一继承人都可以向人民调解委员会申请调解或者向人民法院提起诉讼，通过调解的方式或者裁判的方式，确定遗产分割的时间、办法和份额。需要注意的是，人民调解委员会是依法设立的调解民间纠纷的群众性组织，经人民调解委员会调解达成的调解协议，具有法律约束力,当事人应当按照约定履行。对于经人民调解委员会调解达成的调解协议,当事人可以向人民法院申请司法确认,人民法院依法确认调解协议有效的,该协议具有强制执行的效力。

关联法规

《民事诉讼法》第33条,《最高人民法院关于适用〈中华人民共和国民事诉讼法〉的解释》第70条

第三章 遗嘱继承和遗赠

第一千一百三十三条 【遗嘱处分个人财产】自然人可以依照本法规定立遗嘱处分个人财产,并可以指定遗嘱执行人。

自然人可以立遗嘱将个人财产指定由法定继承人中的一人或者数人继承。

自然人可以立遗嘱将个人财产赠与国家、集体或者法定继承人以外的组织、个人。

自然人可以依法设立遗嘱信托。

条文注解

关于遗嘱继承和遗赠,《继承法》根据取得遗产的人的身份来区分二者:如果按照遗嘱的内容,取得遗产的人为法定继承人以内的人,则属于遗嘱继承;如果按照遗嘱的内容,取得遗产的人为法定继承人以外的人,则属于遗赠。大多数意见认为这种立法例在逻辑上不失严谨,较符合我国的实际情况,且已被民众所熟悉,因此,《民法典》继承编沿用了该标准,继续以取得遗产的人的身份来区分遗嘱继承和遗赠。对于遗嘱继承,本条第2款规定,自然人可以立遗嘱将个人财产

指定由法定继承人中的一人或者数人继承。对于遗赠，本条第3款规定，自然人可以立遗嘱将个人财产赠与国家、集体或者法定继承人以外的组织、个人，这既包括自然人，也包括法人、非法人组织等。需要注意的是，遗嘱人对于其个人财产既可以通过遗嘱继承的方式处分，也可以通过遗赠的方式处分，而且遗嘱可以对遗产的取得人以及分配的份额、方式、条件等内容作出规定，这充分体现了遗嘱自由的原则。

《信托法》对遗嘱信托已经作了规定，遗嘱信托应主要适用《信托法》进行规范，《民法典》作为民事领域基本法，可以对此作衔接性规定。为此，自然人立遗嘱处分个人财产，既可以指定某个法定继承人继承，也可以遗赠给继承人以外的组织、个人，还可以依法设立遗嘱信托。

关联法规

《信托法》第13条，《最高人民法院关于适用〈中华人民共和国民法典〉继承编的解释（一）》第26条

第一千一百三十四条　【自书遗嘱】自书遗嘱由遗嘱人亲笔书写，签名，注明年、月、日。

条文注解

自书遗嘱，是指遗嘱人本人将处分遗产的意思表示亲自用文字书写出来的遗嘱。自书遗嘱由于是遗嘱人本人亲笔书写，意思表示真实、自由并且容易鉴别真伪，因此形式要求较为简单，可以随时设立，不需要有见证人在场见证，设立过程私密，是最简便易行的遗嘱形式。自书遗嘱如果要有效成立，在形式上需要符合以下三个方面的要求：（1）遗嘱人必须亲笔书写；亲笔书写意味着不能由他人代写遗嘱，也不

能用打印等其他方式，只能由遗嘱人本人亲自用笔将自己处分财产的意思表示记录下来。遗嘱的全部内容都必须由遗嘱人亲笔书写，如果遗嘱中有部分内容是由他人书写，则不构成自书遗嘱。(2)遗嘱人必须签名；遗嘱人亲笔签名既可以将遗嘱与遗嘱人联系起来，表明立遗嘱人的身份，又可以表示遗嘱人对遗嘱内容的确认，表明该遗嘱是出于遗嘱人的真实意思表示。因此，任何形式的书面遗嘱都要求遗嘱人签名。(3)遗嘱人必须注明年、月、日。注明年、月、日可以确定遗嘱设立的时间，如果在遗嘱设立以后遗嘱人撤回、变更了该遗嘱，或者遗嘱人实施了与该遗嘱内容相反的民事法律行为，那么该遗嘱的部分或者全部内容将不发生法律效力。在遗嘱人立有数份遗嘱时，如果遗嘱之间内容相抵触的，以最后的遗嘱为准，此时可以以遗嘱中注明的年、月、日来判断遗嘱设立的先后。遗嘱中注明的年、月、日，还可以用来确定遗嘱人在立遗嘱时是否具有立遗嘱的能力，从而判断遗嘱人所立的遗嘱是否有效。

关联法规

《最高人民法院关于适用〈中华人民共和国民法典〉继承编的解释(一)》第27条

第一千一百三十五条　【代书遗嘱】代书遗嘱应当有两个以上见证人在场见证，由其中一人代书，并由遗嘱人、代书人和其他见证人签名，注明年、月、日。

条文注解

代书遗嘱，是指根据遗嘱人表达的遗嘱内容，由他人代为书写的遗嘱。代书遗嘱通常适用于遗嘱人由于一些特殊的原因，如不会写字或者身体状况不好无法写字等，不能亲笔书写遗嘱，故委托他人代为书写遗嘱的情形。根据本条规定，代书遗嘱如果要有效成立，在形式上需要符合以下四个方面的要求：(1)有两个以上见证人在场见证；见证人，是指证明遗嘱真实性的第三人。与自书遗嘱相比，代书遗嘱除了书写人不同以外，在形式要件方面有关见证人的要求也与自书遗嘱具有显著区别。(2)由见证人中的一人代书。代书人为见证人中的一人，需要符合见证人的资格条件。代书人在代书遗嘱时，只能用亲笔手写的方式，不能运用打印等其他方式。代书人在书写遗嘱时要严格忠实于遗嘱人的意思表示，将遗嘱人表达的遗嘱内容准确无误地记录在代书遗嘱中。(3)遗嘱人、代书人和其他见证人签名。代书人在书写完遗嘱后，应当交给遗嘱人和其他见证人核对，遗嘱人和其他见证人确认无误后，遗嘱人、代书人和其他见证人均须在遗嘱上亲笔书写姓名。遗嘱人、代书人和其他见证人签名，既表明了自己的身份，也表明了对遗嘱内容以及立遗嘱过程的确认。(4)注明年、月、日。在代书遗嘱中必须注明立遗嘱的具体日期，即注明年、月、日。遗嘱上注明的日期对于认定遗嘱的真实性和有效性具有重要作用，代书遗嘱中未注明日期或者所注明的日期不具体的，遗嘱不能生效。

第一千一百三十六条　【打印遗嘱】打印遗嘱应当有两个以上见证人在场见证。遗嘱人和见证人应当在遗嘱每一页签名，注明年、月、日。

条文注解

打印遗嘱，是指遗嘱的内容由打印机等机器设备打印而成的遗嘱。根据本条规定，打印遗嘱有效成立须符合下列要件：一是打印遗嘱应当有两个以上见证人在场见证，见证人须符合本法规定的资格、数量、在场见证等方面的要求。二是遗嘱人和见证人应当在遗嘱每一页签名，当遗嘱有多页时，如果仅在一页签名，其他页的内容容易被篡改或者替换，为了保证遗嘱的真实性，遗嘱人和见证人应当对遗嘱的每一页仔细核对并签名，对遗嘱的内容作出确认。如果遗嘱人、见证人只在遗嘱最后一页签名，没有在每一页签名，则不能认定打印遗嘱有效。三是注明年、月、日，由于遗嘱的设立时间为判断遗嘱有效性的重要因素，因此，未注明年、月、日的打印遗嘱没有法律效力。

关联法规

《最高人民法院关于适用〈中华人民共和国民法典〉时间效力的若干规定》第 15 条

第一千一百三十七条 【录音录像遗嘱】以录音录像形式立的遗嘱，应当有两个以上见证人在场见证。遗嘱人和见证人应当在录音录像中记录其姓名或者肖像，以及年、月、日。

条文注解

录音录像遗嘱分为录音遗嘱与录像遗嘱。录音遗嘱是遗嘱人口述遗嘱内容并用录音的方式记录而成的遗嘱。录像遗嘱是遗嘱人表达遗嘱内容并用录像的方式记录而成的遗嘱，遗嘱人在表达遗嘱内容时可以通过口述的方式记录其声音，在特殊情况下无法用口述方式的，例如，遗嘱人为聋哑人的，可以通过打手语的方式表达遗嘱内容。无论采用哪种形式，遗嘱人在录音录像遗嘱中都应该亲自表达遗嘱内容，不能由他人转述。

本条对于录音录像遗嘱的有效成立规定了一些形式要件：(1)录音录像遗嘱应当有两个以上的见证人在场见证，见证人须具备相应的见证能力，并且与遗嘱继承人、受遗赠人无利害关系。符合要求的见证人要到场见证，参加录音录像遗嘱制作的全过程。(2)遗嘱人和见证人应当在录音录像中记录其姓名或者肖像。由于录音录像遗嘱不是书面遗嘱，遗嘱人和见证人无法签名，因此，要运用符合录音录像遗嘱形式特点的方式来表明遗嘱人和见证人的身份、确认遗嘱内容以及表明见证人在场见证。在录音遗嘱中，遗嘱人和见证人应当在录音中用口述的方式分别记录其姓名，表明遗嘱人与见证人的身份，并体现见证人在场见证。在录像遗嘱中，遗嘱人和见证人应当在录像中展示其肖像，在记录肖像的同时遗嘱人和见证人也可以用口述或者其他方式表明其姓名，这样可以通过视频画面得知遗嘱人与见证人的身份、遗嘱人立遗嘱与见证人在场见证的过程。(3)遗嘱人和见证人应当在录音录像中记录年、月、日。由于遗嘱的设立时间是判断遗嘱的真实性与有效性的重要因素，因此录音录像遗嘱也应当体现遗嘱的设立时间。在以录音录像的形式设立遗嘱时，遗嘱人和见证人应当在录音录像的过程中用口述或者其他方式表明遗嘱设立的时间，否则录音录像遗嘱不能发生法律效力。

第一千一百三十八条　【口头遗嘱】遗嘱人在危急情况下，可以立口头遗嘱。口头遗嘱应当有两个以上见证人在场见证。危急情况消除后，遗嘱人能够以书面或者录音录像形式立遗嘱的，所立的口头遗嘱无效。

条文注解

口头遗嘱，是指遗嘱人用口述的方式表达其处分遗产的意思表示的遗嘱形式。与其他形式的遗嘱相比，口头遗嘱简便易行，在一些危急情况下，遗嘱人来不及或者没有条件立其他形式的遗嘱时，口头遗嘱成为满足遗嘱人立遗嘱愿望的可行的遗嘱形式。许多国家和地区的法律都确认了口头遗嘱为特殊遗嘱形式，称为紧急遗嘱或者口授遗嘱，并对其适用条件和形式要件作了规定。根据本条规定，口头遗嘱的有效设立需要符合以下要件：第一，遗嘱人处在危急情况下。危急情况，主要是指遗嘱人生命垂危或者遇到了重大灾害或者意外等紧急情况，随时有生命危险而来不及或者没有条件立其他形式的遗嘱。遗嘱人处在危急情况下是立口头遗嘱的前提条件，只有在危急情况下设立的口头遗嘱才能有效，在非危急情况下设立的口头遗嘱无效。第二，口头遗嘱应当有两个以上见证人在场见证。遗嘱人在危急的情况下用口述的方式表达其处分遗产的意思表示，由于没有记录的载体，因此需要有两个以上见证人在场见证。见证人须符合本法规定的资格、数量、在场见证等方面的要求，否则遗嘱人所立的口头遗嘱无效。相对于其他形式的遗嘱，本法不要求口头遗嘱须作成书面形式或者录音录像形式，也不要求遗嘱人和见证人签名、注明年月日等。本条规定，危急情况消除后，遗嘱人能够以书面或者录音录像形式立遗嘱的，所立的口头遗嘱无效。也就是说，遗嘱人在危急情况下所立的口头遗嘱，在危急情况消除后，遗嘱人在世并且能够以其他形式立遗嘱的，该口头遗嘱失效。如果遗嘱人没有另立其他形式的遗嘱而死亡的，则视为被继承人未立遗嘱，其遗产按法定继承的方式分配。

第一千一百三十九条 【公证遗嘱】公证遗嘱由遗嘱人经公证机构办理。

条文注解

公证遗嘱是遗嘱人委托公证机构办理的遗嘱，公证遗嘱必须由遗嘱人本人亲自办理，不得委托他人办理公证。遗嘱人办理遗嘱公证时，应当亲自到住所地或者遗嘱行为发生地的公证处提出申请。遗嘱人亲自到公证处有困难的，可以书面或者口头形式请求有管辖权的公证处指派公证人员到其住所或者临时处所办理。公证遗嘱应当由两名公证人员共同办理，由其中一名公证员在公证书上署名。因特殊情况由一名公证员办理时，应当有一名见证人在场，见证人应当在遗嘱和笔录上签名。遗嘱人在办理公证遗嘱时，应当向公证机关提供书面遗嘱或者向公证机关表述遗嘱内容。遗嘱人提供的遗嘱，无修改、补充的，遗嘱人应当在公证人员面前确认遗嘱内容、签名及签署日期属实。遗嘱人提供的遗嘱或者遗嘱草稿，有修改、补充的，经整理、誊清后，应当交遗嘱人核对，并由其签名。遗嘱人未提供遗嘱或者遗嘱草稿的，公证人员可以根据遗嘱人的意思表示代为起草遗嘱。公证人员代拟的遗嘱，应当交遗嘱人核对，并由其签名。公证人员在办理遗嘱公证时，要依法对遗嘱人立遗嘱行为的真实性、合法性予以审查，审查的内容包括：遗嘱人是否具有完全民事行为能力，遗嘱人的意思表示是否真实，遗嘱的内容是否完备、文字表述是否准确，遗嘱内容是否违反法律规定和社会公共利益，遗嘱的签名、制作日期是否齐全以及办理公证的程序是否符合规定等。经审查认为遗嘱人立遗嘱行为符合法律规定的条件的，公证处应当出具公证书。公证遗嘱采用打印形式。遗嘱人根据遗嘱原稿核对后，应当在打印的公证遗嘱上签名、盖章或者捺手印。

关联法规

《公证法》第11、25、26条

第一千一百四十条　【遗嘱见证人资格的限制性规定】下列人员不能作为遗嘱见证人：

（一）无民事行为能力人、限制民事行为能力人以及其他不具有见证能力的人；

（二）继承人、受遗赠人；

（三）与继承人、受遗赠人有利害关系的人。

条文注解

遗嘱见证人，是指在现场亲历遗嘱人立遗嘱的过程，能够证明遗嘱真实性的人。根据本条规定，以下人员不能作为遗嘱见证人。（1）无民事行为能力人、限制民事行为能力人以及其他不具有见证能力的人。遗嘱见证人要在场见证遗嘱人立遗嘱的行为,并在事后对遗嘱的内容、订立情形等作出证明,遗嘱见证人的证明对遗嘱的效力具有重要影响,因此见证人必须具有完全民事行为能力。(2)继承人、受遗赠人。为了确保见证人能够公正、客观地对遗嘱的真实性作出证明,法律一般要求见证人与遗嘱内容没有利害关系。受遗赠人是遗赠人在遗嘱中指定的接受其遗赠的法定继承人以外的人,是遗嘱的直接受益人,不能作为遗嘱见证人。(3)与继承人、受遗赠人有利害关系的人。与继承人、受遗赠人有利害关系的人虽然不是遗嘱继承法律关系或者遗赠法律关系中的当事人,但是由于其与继承人、受遗赠人有利害关系,可能会因遗嘱人对遗产的分配而间接地获得利益。

关联法规

《最高人民法院关于适用〈中华人民共和国民法典〉继承编的解释(一)》第24条

第一千一百四十一条 【必留份】遗嘱应当为缺乏劳动能力又没有生活来源的继承人保留必要的遗产份额。

条文注解

遗嘱人立遗嘱,可以自主决定在其死后如何对其个人财产进行分配与处置,在分配的对象、方式、份额、条件等方面都具有较大程度的自由度。必留份制度侧重于保障有特殊困难的继承人的基本生活需要,使遗产发挥对弱势群体扶养的功能。必留份权利人的确定依据为身份关系以及受扶养的客观需要,如规定的必留份权利人为同时具备缺乏劳动能力和没有生活来源两个条件的法定继承人,该继承人既可以是第一顺序继承人，也可以是第二顺序继承人。我国没有对必留份规定具体的份额，在实践中要根据个案的具体情况而确定，以满足必留份权利人的生活需要。必留份是法定继承人基本生活的保障，为此我国《民法典》规定如有缺乏劳动能力又没有生活来源的继承人，在遗产不足以清偿债务时，也应当为其保留必要的遗产。

关联法规

《最高人民法院关于适用〈中华人民共和国民法典〉继承编的解释（一）》第25条

第一千一百四十二条　【遗嘱的撤回、变更以及遗嘱效力顺位】遗嘱人可以撤回、变更自己所立的遗嘱。

立遗嘱后，遗嘱人实施与遗嘱内容相反的民事法律行为的，视为对遗嘱相关内容的撤回。

立有数份遗嘱，内容相抵触的，以最后的遗嘱为准。

条文注解

遗嘱的撤回，是指遗嘱人在立遗嘱后又对该遗嘱加以取消。遗嘱的变更，是指遗嘱人在立遗嘱后又对该遗嘱作出修改。遗嘱的撤回和变更产生的法律后果为遗嘱中被撤回、被变更的内容不发生效力。公证遗嘱与其他形式的遗嘱相比，具有证明力更强的特点，然而《继承法》赋予公证遗嘱在适用效力位阶上的优先性，不允许遗嘱人以其他形式的遗嘱撤回或者变更，存在使遗嘱人的最终意愿不能实现、不当限制遗嘱自由等弊端，有悖遗嘱制度的宗旨。为切实保障遗嘱人的真实意愿，《民法典》继承编删除了《继承法》关于自书、代书等形式的遗嘱不得撤销、变更公证遗嘱的规定，保留了《继承法》"立有数份遗嘱，内容相抵触的，以最后的遗嘱为准”的规定，即对于遗嘱人所立的内容相抵触的数份遗嘱，以立遗嘱的时间作为认定遗嘱有效的判断标准，无论遗嘱形式如何，遗嘱人最后所立的遗嘱具有优先适用的效力。

关联法规

《最高人民法院关于适用〈中华人民共和国民法典〉时间效力的若干规定》第23条

第一千一百四十三条 【遗嘱的实质要件】无民事行为能力人或者限制民事行为能力人所立的遗嘱无效。

遗嘱必须表示遗嘱人的真实意思，受欺诈、胁迫所立的遗嘱无效。

伪造的遗嘱无效。

遗嘱被篡改的，篡改的内容无效。

条文注解

遗嘱是要式民事法律行为，若使其有效除了需要符合法律规定的形式要求外，还需要具备民事法律行为有效的条件，这既包括总则编规定的一般条件，也包括继承编规定的特别条件。本法总则编第143条规定，具备下列条件的民事法律行为有效：(1)行为人具有相应的民事行为能力；(2)意思表示真实；(3)不违反法律、行政法规的强制性规定，不违背公序良俗。

关联法规

《最高人民法院关于适用〈中华人民共和国民法典〉继承编的解释(一)》第28条

第一千一百四十四条　【附义务遗嘱】遗嘱继承或者遗赠附有义务的，继承人或者受遗赠人应当履行义务。没有正当理由不履行义务的，经利害关系人或者有关组织请求，人民法院可以取消其接受附义务部分遗产的权利。

条文注解

附有义务的遗嘱继承或者遗赠，是指遗嘱继承人或者受遗赠人在继承遗嘱人的财产时需要履行遗嘱人对其附加的特定义务，否则其接受附义务部分遗产的权利可能被人民法院取消的遗嘱继承或者遗赠。遗嘱人用遗嘱处分个人财产，将财产指定给他人继承时，可以要求继承其财产的人履行特定的义务，这种义务既可以是作为的义务，也可以是不作为的义务。只要遗嘱人附加的义务不违反法律的强制性规定以及不违背公序良俗，遗嘱人的这种安排是法律所允许的，这不仅能充分发挥遗嘱人财产的价值，还能让遗嘱人的遗愿得以实现，充分尊重遗嘱人的意思表示。

在理解本条规定时，需要注意以下三个方面：一是遗嘱继承人或者受遗赠人履行遗嘱所附义务的前提为接受继承或者遗赠。二是遗嘱继承人或者受遗赠人不履行遗嘱所附义务的法律后果为人民法院取消其接受附义务部分遗产的权利。三是可以向人民法院申请取消义务人接受遗产的权利的主体为利害关系人或者有关组织。由于遗嘱生效时遗嘱人已经死亡，为了保障遗嘱中所附义务的履行和遗嘱人意愿的实现，就需要由相关主体监督义务人履行相应的义务。

关联法规

《最高人民法院关于适用〈中华人民共和国民法典〉继承编的解释（一）》第29条

第四章 遗产的处理

第一千一百四十五条 【遗产管理人的选任】继承开始后,遗嘱执行人为遗产管理人;没有遗嘱执行人的,继承人应当及时推选遗产管理人;继承人未推选的,由继承人共同担任遗产管理人;没有继承人或者继承人均放弃继承的,由被继承人生前住所地的民政部门或者村民委员会担任遗产管理人。

条文注解

遗产管理人是在继承开始后遗产分割前,负责处理涉及遗产有关事务的人。根据本条规定,可以由以下主体担任遗产管理人:(1)由遗嘱执行人担任遗产管理人。遗嘱执行人是遗嘱人在遗嘱中指定的执行遗嘱事务的人。一般而言,遗嘱执行人都是被继承人信任之人,否则被继承人是不会在遗嘱中指定其为遗嘱执行人。被继承人在遗嘱中有指定遗嘱执行人的情况下,由遗嘱执行人担任遗产管理人更为合理:一方面,遗嘱执行人是被继承人信任的人,由其管理遗产更符合被继承人意愿;另一方面,遗嘱执行人执行遗嘱本来就需要处理遗产,由其担任遗产管理人也更为便利。(2)由继承人推选出遗产管理人。并非所有自然人生前都会立遗嘱,即便立了遗嘱也未必指定遗嘱执行人。没有遗嘱执行人还可能是因为遗嘱执行人死亡造成的。被继承人对于由谁管理遗产并未作出任何意思表示的,被继承人死亡后,一般而言,为了处理被继承人的后事,继承人之间都会推选出主事之人,负责处理被继承人的丧葬奠仪、遗产分割等善后事务。(3)由继承人共同担任遗产管理人。如果继承人未推选遗产管理人,则由全体继承人共同担任遗产管理人。没有推选可能是由于以下两种情况之一:第一，继承人人数少，没必要推选遗产管理人，或者继承人达成一致由全体继承人共同管理遗产；第二，继承人之间无法推选出一致认可的遗产管理人。在全体继承人担任遗产管理人时，就涉及全体继承人如何作出决策的问题，此时也需要由全体继承人协商达成一致。(4)由民政部门或者村民委员会担任遗产管理人。被继承人死亡后，如果没有继承人或者继承人均放弃继承的，遗产就属于无人继承的遗产，根据《民法典》继承编的规定，此种遗产的归属需要根据被继承人的身份作不同的处理：如果被继承人是集体所有制组织成员的，则遗产归其生前所在的集体所有制组织所有；如果被继承人并非集体所有制组织成员的，则其遗产归国家所有并用于公益事业。

关联法规

《信托法》第39条，《最高人民法院关于适用〈中华人民共和国民法典〉继承编的解释（一）》第30条

第一千一百四十六条 【遗产管理人的指定】对遗产管理人的确定有争议的，利害关系人可以向人民法院申请指定遗产管理人。

条文注解

这里的利害关系人一般包括遗嘱执行人、继承人、被继承人生前住所地的民政部门或者村民委员会，以及受遗赠人等与遗产有利害关系的人。遗产管理人的范围包括遗嘱执行人、继承人、民政部门或者村民委员会。因此，人民法院在这些主体中指定遗产管理人。如果是多个遗嘱执行人因为担任遗产管理人有争议，则可以在其中指定一名或者数名遗嘱执行人为遗产管理人；如果是遗嘱执行人与继承人之间因遗产管理有纠纷，则可以在遗嘱执行人与继承人之间选择一人或者数人担任遗产管理人；如果是继承人之间因遗产管理人的确定发生纠纷，则应当在继承人之间指定合适的遗产管理人；如果是被继承人生

前住所地的民政部门或者村民委员会之间因遗产管理人的确定发生纠纷,则需要在两者之间确定合适的机构担任遗产管理人。

关联法规

《民事诉讼法》第33条,《信托法》第39条

第一千一百四十七条　【遗产管理人的职责】遗产管理人应当履行下列职责:

(一)清理遗产并制作遗产清单;

(二)向继承人报告遗产情况;

(三)采取必要措施防止遗产毁损、灭失;

(四)处理被继承人的债权债务;

(五)按照遗嘱或者依照法律规定分割遗产;

(六)实施与管理遗产有关的其他必要行为。

条文注解

遗产管理人不仅需要清点遗产,还需要承担起积极妥善保管遗产的职责。在发现遗产存在毁损、灭失的风险时,应采取必要的措施防止遗产毁损、灭失。遗产管理人在接受遗产后,应当妥善保管遗产,这是遗产管理人最基本的职责。遗产的毁损、灭失包括两种情况:第一种是物理上的毁损、灭失。遗产管理人此时就应当将此类遗产予以出售变现,保留其现金价值。第二种是法律上的毁损、灭失。需要注意的是,遗产管理人仅有防止遗产毁损、灭失的职责,而没有确保遗产增值的义务。

关联法规

《信托法》第39条

第一千一百四十八条　【遗产管理人未尽职责的民事责任】遗产管理人应当依法履行职责，因故意或者重大过失造成继承人、受遗赠人、债权人损害的，应当承担民事责任。

条文注解

遗产管理人承担民事责任的构成要件包括三个：(1)遗产管理人在客观上实施了不当的遗产管理行为。遗产管理人必须是在实施遗产管理过程中给利害关系人造成了损害。(2)遗产管理人在主观上有故意或者重大过失。所谓故意就是明知会侵害他人权益而为之。所谓重大过失就是违反一般正常管理者应尽的谨慎注意义务。(3)遗产管理人的行为给继承人、受遗赠人、债权人造成了损害，也就是遗产管理人的不当管理行为造成遗产损失，进而损害了继承人、受遗赠人、债权人的利益。遗产管理人的前述行为造成继承人、受遗赠人、债权人损害的，需要承担民事责任，即需要承担赔偿损失等责任。

关联法规

《信托法》第 39 条

第一千一百四十九条　【遗产管理人的报酬】遗产管理人可以依照法律规定或者按照约定获得报酬。

条文注解

遗产管理人既可以获得报酬，也可以不收取报酬。如果法律规定遗产管理人有权获得报酬，则遗产管理人可以要求获得报酬；如果当事人之间约定遗产管理人可以获得报酬，则根据此约定，遗产管理人可以获得报酬。遗产管理人报酬的多少可以由当事人约定，如果是人民法院指定遗产管理人的，人民法院可以酌情确定遗产管理人的报酬。

关联法规

《信托法》第39条

第一千一百五十条 【继承开始后的通知】继承开始后，知道被继承人死亡的继承人应当及时通知其他继承人和遗嘱执行人。继承人中无人知道被继承人死亡或者知道被继承人死亡而不能通知的，由被继承人生前所在单位或者住所地的居民委员会、村民委员会负责通知。

条文注解

继承开始意味着继承人范围的确定、继承人和受遗赠人能够作出接受与放弃的意思表示等。继承开始通知直接影响利害关系人权利的行使与放弃。首先，继承开始通知对于继承人而言，意味着继承人是否享有继承权，能否作出接受与放弃的意思表示。其次，继承开始通知对于遗嘱执行人而言也很重要，继承开始，意味着遗嘱生效，遗嘱执行人需要开始执行遗嘱。如果遗嘱执行人没有收到继承开始通知，就无法判断遗嘱是否开始生效，是否需要执行遗嘱。最后，继承开始通知对于受遗赠人而言同样重要，因为受遗赠人在知道受遗赠后，即接到继承开始通知并知悉受遗赠的事实，就必须在法定期限内作出是否接受遗赠的意思表示，没有作出意思表示的视为拒绝接受。

关于继承通知。就时间而言，在继承人等通知义务人知悉被继承人死亡的事实后，应当及时通知其他继承人、遗嘱执行人。所谓及时通知就是立刻而不迟延地发出继承开始的通知。发出继承开始通知的方式，既可以是口头通知，也可以是书面通知。随着现代信息技术的发展，通知方式灵活多样，可以是电话通知、短信通知或者借助其他互联网即时通信工具发出通知。

第一千一百五十一条　【遗产的保管】存有遗产的人，应当妥善保管遗产，任何组织或者个人不得侵吞或者争抢。

关联法规

《信托法》第39条

第一千一百五十二条　【转继承】继承开始后，继承人于遗产分割前死亡，并没有放弃继承的，该继承人应当继承的遗产转给其继承人，但是遗嘱另有安排的除外。

条文注解

继承根据继承人本人是否实际继承，可以分为本继承、代位继承和转继承。本继承就是继承人自己在继承顺序之中直接继承被继承人财产。代位继承就是在继承顺序之中的继承人于被继承人死亡前死亡，而由其直系卑亲属或者其兄弟姐妹的子女代位继承。被代位继承的人称为被代位继承人，实际继承的人称为代位继承人。转继承就是继承人本人在遗产分割前死亡时，其应得的遗产份额转由其继承人继承。被转位继承的人称为被转继承人，实际继承的人称为转继承人。

根据本条规定，发生转继承的条件包括：一是被转继承人在被继承人死亡后，遗产分割前死亡。被转继承人只有在此特定的时段死亡才发生转继承的问题。如果在被继承人死亡前死亡,则可能发生代位继承的问题;如果在遗产分割之后死亡的,则是一个新的继承问题,不存在转继承。二是被转继承人未放弃继承。如果被继承人死亡后,继承人放弃继承的,继承人的继承权已经不复存在,所谓的转继承也就无从谈起。三是遗嘱没有其他安排。所谓遗嘱没有其他安排,就是被继承人在其遗嘱中,没有特别说明所留遗产仅限于给继承人本人,不得转继承给其他人。转继承的法律后果是,继承人应当继承的遗产转给其继承人。所谓继承人应当继承的遗产,就是无论根据法定继承还是遗嘱继承,只要应由继承人继承的财产,都适用转继承。转给其继承人,就是被转继承人应得到的一切遗产都转由其继承人继承。

第一千一百五十三条 【遗产的认定】夫妻共同所有的财产,除有约定的外,遗产分割时,应当先将共同所有的财产的一半分出为配偶所有,其余的为被继承人的遗产。

遗产在家庭共有财产之中的,遗产分割时,应当先分出他人的财产。

条文注解

遗产是被继承人死亡时遗留的个人合法财产。确定个人遗产时,对于所有权明确属于被继承人个人所有的财产,自然属于遗产范畴。本条第 1 款规定,夫妻共同所有的财产,除有约定的外,遗产分割时,应当先将共同所有的财产的一半分出为配偶所有,其余的为被继承人的遗产。因此,对于共同生活的夫妻而言,首先需要区分个人财产与夫妻共同财产。这需要根据夫妻财产制来判断:如果夫妻实行分别财产制,由于夫妻双方约定财产归各自所有,任何一方的财产都比较好确定;如果实行的是夫妻共同财产制,那就需要根据财产的状况来判断属于共同财产还是个人财产。本条第 2 款规定,遗产在家庭共有财产之中的，遗产分割时，应当先分出他人的财产。被继承人与家庭成员共同生活，势必与其他家庭成员有家庭共同财产，在分割遗产时，也必须将其个人的共有份额划分出来，确定为遗产。例如，在土地承包经营的农户中有一家庭成员死亡，由于土地承包经营是以家庭为单位的，在分割遗产时，就需要根据《农村土地承包法》的规定予以分割。

关联法规

《农村土地承包法》第32条

第一千一百五十四条 【法定继承的适用范围】有下列情形之一的，遗产中的有关部分按照法定继承办理：

（一）遗嘱继承人放弃继承或者受遗赠人放弃受遗赠；

（二）遗嘱继承人丧失继承权或者受遗赠人丧失受遗赠权；

（三）遗嘱继承人、受遗赠人先于遗嘱人死亡或者终止；

（四）遗嘱无效部分所涉及的遗产；

（五）遗嘱未处分的遗产。

条文注解

根据本条规定，在以下五种情况下，应当按照法定继承处理被继承人的遗产：一是遗嘱继承人放弃继承或者受遗赠人放弃受遗赠。继承开始后，继承人可以放弃继承，受遗赠人可以放弃受遗赠。如果遗嘱继承人放弃遗嘱继承，那么遗嘱所涉及的那部分遗产，就按照法定继承办理；同样如此，如果受遗赠人在知道受遗赠后明确表示放弃受遗赠的，或者在60日内未作接受遗赠的意思表示的，那么被继承人遗赠的那部分遗产就应按照法定继承办理。二是遗嘱继承人丧失继承权或者受遗赠人丧失受遗赠权。遗嘱继承人如果实施了法律规定的会导致丧失继承权的行为,丧失继承权后也未得到被继承人的宽恕,继承权未能恢复的,本来根据遗嘱应由其继承的遗产,因其丧失继承权而转为按照法定继承办理。三是遗嘱继承人、受遗赠人先于遗嘱人死亡或者终止。遗嘱继承人先于遗嘱人死亡的,遗嘱人可能并不知道这一事实或者已知道这一事实但未来得及修改遗嘱,此时,遗嘱所指定的继承人已经死亡,丧失民事主体资格,也就无法获得遗嘱继承权。四是遗嘱无效部分所涉及的遗产。遗嘱继承优先于法定继承,但遗嘱继承优先的前提是遗嘱合法有效,如果遗嘱无效,那么遗嘱就不具有执行的法律效力,遗嘱继承也就无从谈起。五是遗嘱未处分的遗产。被继承人死亡时如果立了遗嘱,遗嘱处分了全部遗产,那么此时就应按照遗嘱执行;如果存有遗嘱未处分的遗产,那么对这部分遗产就应按照法定继承办理。

第一千一百五十五条 【胎儿预留份】遗产分割时,应当保留胎儿的继承份额。胎儿娩出时是死体的,保留的份额按照法定继承办理。

条文注解

首先,遗产分割时,应当保留胎儿的继承份额。胎儿享有继承权,但是毕竟胎儿尚未出生,无法确认胎儿是否能够正常出生。因此,本条规定在遗产分割的时候,需要保留胎儿的继承份额。所谓保留胎儿的继承份额,就是在计算参与遗产分割的人数时,应该将胎儿列入计算范围,作为参与分割的一分子,将其应得的遗产划分出来。需要注意的是,这里的继承份额,既包括法定继承时的继承份额,也包括遗嘱继承时的份额。在法定继承时,如果胎儿在继承人范围和继承顺序之内,则应当按照法定或者协商确定的分割原则、比例计算胎儿的应继承遗产份额。在遗嘱继承时,如果遗嘱中明确哪些遗产属于受孕之胎儿的，那么在分割遗产时，就应将此部分遗产予以保留，而不得以胎儿尚未出生为由予以瓜分。保留的是胎儿应得的遗产份额，就是将胎儿按照一个普通继承人计算所应获得的遗产。如果遗产是不动产，对不动产实行价值分割时，就要保留胎儿应得的那部分价值；如果是对动产进行实物分割，就应保留胎儿应得的那部分实物。

其次，本条同时规定，胎儿娩出时是死体的，保留的份额按照法定继承办理。在胎儿分娩时可能有两种情况：第一种情况是顺利分娩，即顺利出生，胎儿成为活的婴儿，也就成为独立的民事主体。这时，为胎儿所保留的遗产即成为出生之婴儿取得的遗产，当然继承。第二种情况是分娩失败，娩出的胎儿为死体。胎儿娩出时为死体的，其民事权利能力自始不存在。在这种情况下，胎儿的民事权利能力自始不存在，包括继承的权利能力在内的所有权利能力都溯及地消灭，所保留的遗产自然无法为没有权利能力者取得。根据本条的规定，胎儿娩出时是死体的，为胎儿所保留的遗产份额，就需要按照法定继承办理，即由被继承人的法定继承人继承。

关联法规

《最高人民法院关于适用〈中华人民共和国民法典〉继承编的解释（一）》第31条

第一千一百五十六条　【遗产分割的原则和方法】遗产分割应当有利于生产和生活需要，不损害遗产的效用。

不宜分割的遗产，可以采取折价、适当补偿或者共有等方法处理。

条文注解

继承人在大多数情况下都不是只有一人，所以遗产往往需要数人参与继承。首先,遗产分割要有利于生产。有利于生产可以从两个方面考虑:一方面,不能损害遗产本身的生产性用途,确保遗产分割后还能用于正常的生产经营。另一方面,要考虑继承人的能力、职业等因素,确保遗产分割后能得到继承人的合理充分利用。其次,遗产分割要有利于生活。对于生活性用途的遗产,应该考虑如何分割更便利于继承人的生活。最后,遗产分割要物尽其用。所谓物尽其用,就是要根据物本身的属性、特征来分割,确保实现遗产的使用价值、经济价值最大化,充分实现遗产的效用。

本条还规定,不宜分割的遗产,可以采取折价、适当补偿或者共有等方法处理。有些遗产可以直接分割,就需要按照遗产分割的原则进行分割。但是毕竟有些遗产不适宜分割,或者分割后会损害其效用,导致价值贬损,就需要采取其他方式予以分割。遗产分割的方式包括四种:一是实物分割。实物分割就是对遗产进行物理上的分离,继承人按照各自份额分别占有不同部分。二是变价分割。有的遗产不适合进行实物分割,进行实物分割可能导致该遗产失去价值,或者所有继承人都不想取得该遗产的实物,就可以变卖该遗产取得价款,由继承人按照各自的继承份额对价款进行分割。三是补偿分割。对于不宜进行实物分割的遗产,如果其中有继承人愿意取得该遗产,就可以由该继承人取得遗产的所有权。再由取得遗产所有权的继承人根据其他继承人对该遗产的价值所应取得的比例,支付相应的价金,对其他继承人予以补偿。四是保留共有。有的遗产不宜进行实物分割,所有继承人都愿意取得该遗产,或者继承人基于某种生产或生活的目的,愿意继续维持遗产的共有状况,就可以由继承人对该遗产继续保留共有权。这时的共有属于按份共有,即根据各继承人应继承的份额共同享有所有权。

第一千一百五十七条 【再婚时对所继承遗产的处分权】夫妻一方死亡后另一方再婚的，有权处分所继承的财产，任何组织或者个人不得干涉。

条文注解

本条规定，夫妻一方死亡后另一方再婚的，有权处分所继承的财产，任何组织或者个人不得干涉。首先，需要说明的是，夫妻任何一方死亡，另一方均有再婚的权利。原因在于，自然人死亡的，其民事主体资格消灭，其他人与其的身份关系也随之终止。因此，夫妻关系随着一方的死亡也就消灭了，在世一方有权再婚，与其他人缔结新的婚姻关系。这种婚姻自主权是受到法律保护的。其次，在世的配偶一方无论是否再婚，都有权处分自己继承取得的财产。继承的遗产无论是动产，还是不动产，在法律上都是其个人所有的财产。根据法律的规定，所有人有权处分自己的财产。这里的处分，既可以是转移占有、抛弃，也可以是赠与、出售，甚至销毁。总之，当事人可以按照自己的意志自由处分。最后，其他组织或者个人都不得干涉。无论是再婚者的子女、公婆或者岳父母、兄弟姐妹，还是妯娌或者其他姻亲、血亲，以及其他家族人员等，都不得干涉。所谓干涉就是施加影响力，包括阻止、破坏、干扰。

第一千一百五十八条 【遗赠扶养协议】自然人可以与继承人以外的组织或者个人签订遗赠扶养协议。按照协议，该组织或者个人承担该自然人生养死葬的义务，享有受遗赠的权利。

条文注解

遗赠扶养协议就是自然人（遗赠人、受扶养人）与继承人以外的组织或者个人（扶养人）签订的，由扶养人负责受扶养人的生养死葬，并享有受遗赠权利的协议。首先,遗赠扶养协议是一种协议。协议是一种双方法律行为,因此,需要双方当事人意思表示达成一致方能成立。其次,遗赠扶养协议是双务有偿法律行为。不仅扶养人有扶养另一方的义务,受扶养人也有按照约定将自己的遗产赠与对方的义务。遗赠扶养协议是有偿的,双方都需要向对方支付对价。最后,遗赠扶养协议为要式法律行为。遗赠扶养协议需要以书面方式作出。因为双方达成遗赠扶养协议后,协议的履行期限往往较长,且扶养人在受扶养人死亡后才能取得遗产,如果没有书面协议,受扶养人死亡后,将死无对证,无法确认双方是否存在真实的遗赠扶养关系。

关联法规

《最高人民法院关于适用〈中华人民共和国民法典〉继承编的解释(一)》第40条

第一千一百五十九条 【遗产分割时的义务】分割遗产,应当清偿被继承人依法应当缴纳的税款和债务;但是,应当为缺乏劳动能力又没有生活来源的继承人保留必要的遗产。

条文注解

(1)税款。只要是被继承人个人生前未缴纳的税款,该税款并不会因为其死亡而消失,仍需要以其遗留的个人财产来支付。(2)债务。债务就是被继承人生前对其他民事主体所负的私法上的各种债务。债务包括合同之债,也包括侵权之债,还包括不当得利或者无因管理之债;既可能是主债务,也可能是因为提供保证、抵押、质押而形成的从债务;既可能纯属个人债务,也可能是与他人形成的共同债务、连带债务。无论是哪种类型的债务,只要是被继承人生前所负,就都需要以遗产清偿。(3)保留必要的遗产。根据此规定，无论是以遗产缴纳所欠税款还是偿还所负债务，需要注意的是，必须为缺乏劳动能力又没有生活来源的继承人保留必要的遗产。保留必要遗产需要从以下两个方面理解：首先，需要保留的前提是，遗产可能不足以清偿债务和缴纳税款。其次，需要保留的对象是，缺乏劳动能力又没有生活来源的继承人。作出保留必须同时满足以下四个条件：第一，获得保留遗产的人必须是继承人，继承人以外的人不能享有此权利。第二，继承人缺乏劳动能力。缺乏劳动能力就是因种种原因无法参与生产劳动而获得经济收入维持生计。缺乏劳动能力既可能是因为年龄尚小而无劳动能力，也可能是因年龄太大或者因病残而丧失劳动能力。没有劳动能力必须是客观上造成的无法劳动，而不是继承人主观上不愿意就业。第三，继承人没有生活来源。没有生活来源就是继承人无法通过自身劳动获取收入养活自己，或者没有其他经济收入用以维持生计。第四，保留的是必要的遗产。就数量而言，为缺乏劳动能力又没有生活来源的继承人保留的是必要的遗产。

关联法规

《宪法》第56条，《民事诉讼法》第243条，《税收征收管理法》第4、40、42条

第一千一百六十条　【无人继承遗产的归属】无人继承又无人受遗赠的遗产，归国家所有，用于公益事业；死者生前是集体所有制组织成员的，归所在集体所有制组织所有。

条文注解

无人继承遗产就是没有继承人或者受遗赠人接收遗产。被继承

人的遗产无人接收,原因可能是多种多样的。第一,无人继承的遗产,可能客观上既没有继承人,也没有受遗赠人。没有法定继承人就是法律规定的第一顺序、第二顺序继承人都没有,被继承人也未留有遗嘱指定受遗赠人。第二,虽然被继承人有继承人或者通过遗嘱确定了受遗赠人,但是继承人全部放弃继承,受遗赠人也都放弃受遗赠。第三,被继承人死亡后,虽然有继承人,但继承人全部丧失继承权且未得以恢复。第四,被继承人死亡后,没有法定继承人或者法定继承人丧失继承权,仅在遗赠中处理了部分遗产,其余遗产也构成无人继承遗产。无人继承遗产的归属:(1)归集体所有制组织所有。如果死者生前是集体所有制组织成员的,因其生前一般都会从集体所有制组织获得土地承包经营权、分红等经济利益,故将其遗产确定归集体所有制组织所有合情合理。且土地承包收益、宅基地上的房产等是具有特殊性质的财产,规定由集体所有制组织所有,也便于集体所有制组织根据本集体的具体情况作出妥善处理。(2)归国家所有,用于公益事业。一般情况下,如果死者为城镇居民而非农村居民,其遗留的无人继承遗产归国家所有。归国家所有就是收归国库,由政府有关部门负责处理。但政府主管部门处理无人继承遗产时需要坚持一个原则,即将这些财产用于公益事业,这项要求是《继承法》中所没有的。

第一千一百六十一条 【被继承人税款、债务清偿的原则】继承人以所得遗产实际价值为限清偿被继承人依法应当缴纳的税款和债务。超过遗产实际价值部分,继承人自愿偿还的不在此限。

继承人放弃继承的,对被继承人依法应当缴纳的税款和债务可以不负清偿责任。

条文注解

本条第1款规定,继承人对被继承人的遗产债务不负无限清偿责任,而仅以所继承遗产的实际价值为限。也就是说,继承人继承多少遗产，其偿还遗产债务的限额也就是多少。继承人并不会因为继承遗产而需要无限清偿被继承人的遗产债务。限定继承是基本原则，但本条作了例外规定，即对超过遗产实际价值部分的债务，继承人自愿偿还的不在此限。也就是说，继承人继承的遗产不足以清偿被继承人的遗产债务时，如果继承人自愿替被继承人偿还其他债务，法律尊重当事人的这种自主选择。但这种选择必须是继承人自愿、自主作出的，债权人不可以强制要求继承人偿还超出所获得遗产部分的被继承人生前所欠债务。

本条第2款规定，继承人放弃继承的，对被继承人依法应当缴纳的税款和债务可以不负清偿责任。这里的放弃继承，是指既放弃了遗嘱继承，也放弃了法定继承。因此，如果继承人放弃了继承，就无须对被继承人的债务承担偿还责任。原因在于，继承了遗产的继承人仅需对遗产债务承担有限清偿责任，如果继承人放弃了继承，并没有从被继承人的遗产中获得任何利益，此时要求其对被继承人的债务承担清偿责任，相当于将他人的民事责任强加于继承人，这有违民法的意思自治原则，显然不合适。如果一部分继承人参与遗产分割获得了遗产，另一部分继承人放弃了继承，在清偿被继承人的遗产债务时，则参与遗产分割的部分继承人负有清偿责任，需要以所得遗产的实际价值为限予以偿还，放弃继承的继承人无须承担任何清偿责任。

第一千一百六十二条　【清偿被继承人税款、债务优先于执行遗赠的原则】执行遗赠不得妨碍清偿遗赠人依法应当缴纳的税款和债务。

条文注解

本条规定要求执行遗赠不得妨碍清偿遗赠人依法应当缴纳的税款和债务。遗赠人的遗赠行为也不能损害债权人的利益。所谓执行遗赠不得妨碍清偿遗赠人依法应当缴纳的税款和债务，就是遗嘱执行人或者遗产管理人在执行遗赠时，不应使遗赠人的遗产债务无法得到偿还。在执行遗赠之前，应当先用遗产偿还遗赠人所欠税款和债务，清偿之后，如果遗产尚有剩余则再执行遗赠；同样地，如果执行遗赠之后，债权人才知道遗赠人死亡、遗产被分割的事实，债权人有权要求受遗赠人将所得遗产用于偿还债务。

第一千一百六十三条　【既有法定继承又有遗嘱继承、遗赠时税款和债务的清偿】既有法定继承又有遗嘱继承、遗赠的，由法定继承人清偿被继承人依法应当缴纳的税款和债务；超过法定继承遗产实际价值部分，由遗嘱继承人和受遗赠人按比例以所得遗产清偿。

条文注解

本条首先规定，由法定继承人清偿被继承人依法应当缴纳的税款和债务。因此，如果遗产已经分割，清偿遗产债务需要先以法定继承人获得的遗产清偿。其次，本条规定超过法定继承遗产实际价值部分，由遗嘱继承人和受遗赠人按比例以所得遗产清偿。所谓超过法定继承遗产实际价值部分，就是法定继承人所获得遗产的实际价值不足以偿还被继承人的遗产债务。遗嘱继承人和受遗赠人按比例清偿，是指由遗嘱继承人和受遗赠人按照所获得遗产的实际价值的比例来清偿。如果只有多个遗嘱继承人时，则由各遗嘱继承人按比例清偿；如果只有多个受遗赠人时，则由各受遗赠人按比例清偿。

实用问题

第一章　一般规定

1. 继承这个法律行为从什么时候开始?

《民法典》第 1121 条第 1 款规定,继承从被继承人死亡时开始。

继承从被继承人死亡时开始,这里的死亡包括自然死亡和宣告死亡。

(1)自然死亡较好理解,如被继承人病死或因意外事故死亡,一般以医学宣布死亡为准。根据司法实践,确定自然人自然死亡的依据是:被继承人呼吸停止,心脏停止跳动的时间;医院的死亡证书中记载的死亡时间;户籍管理登记手册中记载的死亡时间。

(2)宣告死亡分为两种情形:一是下落不明满 4 年。自然人长期离开住所,下落不明满 4 年,由利害关系人申请,人民法院发布寻找失踪人公告(公告期为 1 年),公告期满,失踪人仍无下落的,即由人民法院作出判决,宣告失踪人死亡。人民法院宣告死亡的判决作出之日视为其死亡的日期。二是因发生意外事件下落不明满 2 年。因意外事件下落不明,经有关机关证明该自然人不可能生存的,申请宣告死亡不受 2 年时间的限制。因意外事件失踪,由利害关系人申请,人民法院发布寻找失踪人公告(公告期为 1 年),公告期满,失踪人仍无下落的,即由人民法院作出判决,宣告失踪人死亡。意外事件发生之日视为其死亡的日期。

故确定继承开始时间存在以上两种情况,需要结合具体情况加以确认。

2. 难以确定相互有继承关系的数人在同一事件中的死亡时间怎么办?

《民法典》第 1121 条第 2 款规定,相互有继承关系的数人在同一事件中死亡，难以确定死亡时间的，推定没有其他继承人的人先死亡。都有其他继承人，辈份不同的，推定长辈先死亡；辈份相同的，推定同时死亡，相互不发生继承。

例如，大高（有配偶和儿子）驾驶轿车载着父亲老高和弟弟小高（有配偶和女儿）回家，超越前车时因操作不当，撞到路边大树，致三人当场死亡，且难以确定各自的死亡时间。此种情况下该如何推定三人的死亡时间呢？根据上述法律规定，因为老高、大高和小高相互有继承关系且都有其他继承人，因此推定长辈老高先死亡，大高和小高继承老高遗产中其应有的份额；推定大高和小高同时死亡，相互之间不发生继承。

3. 父母一方死亡，另一方还健在，子女有权要求继承遗产吗？

按照我国传统的民间习惯，父母一方死亡，另一方健在时，一般并不马上发生继承遗产的问题，而要等到父母双亡后，才由子女继承属于他们的遗产。事实上，从法律角度来看，被继承人死亡时，继承就已经开始，父母一方死亡，儿女和其他继承人都有要求继承其遗产的权利。

因此，子女可以在父母一方死亡后依法提出继承遗产的要求。

4. 遗产主要包括哪些财产？

《民法典》第1122条规定，遗产是自然人死亡时遗留的个人合法财产。依照法律规定或者根据其性质不得继承的遗产，不得继承。

自然人的遗产主要包括以下七部分：（1）公民的收入，如工资、奖金、存款利息、从事合法经营的收入，继承或接受赠与所得的财产；（2）公民的房屋、储蓄和生活用品；（3）公民的林木、牲畜和家禽；（4）公民的文物、图书资料，公民的文物一般指公民自己收藏的书画、古玩、艺术品等；（5）法律允许公民所有的生产资料，如农民的汽车、拖拉机、加工机具等;(6)公民的著作权、专利权中的财产权利,即基于公民的著作被出版而获得的稿费、奖金,或者因发明被利用而取得的专利转让费和专利使用费等;(7)公民的其他合法财产,包括有价证券和履行标的为财物的债权等。

5. 有限责任公司的股东资格能否继承?

有限责任公司股权就其本质属性而言,既包括股东的财产权,也包括基于财产权产生的身份权即股东资格,该身份权体现为股东可以就公司的事务行使表决权等有关参与公司决策的权利。就股权所具有的财产权属性而言,其作为遗产被继承是符合我国现行法律规定的。而股东资格的继承问题,《公司法》第 75 条规定了股权继承的一般原则,即自然人股东死亡后,其合法继承人可以继承股东资格;但是,公司章程另有规定的除外。因此,自然人股东的合法继承人可以继承股东资格。同时也允许公司章程作出其他安排,既可以规定股东的合法继承人继承股东资格,也可以规定完全限制股东资格的继承。

6. 著作权能否作为遗产继承?

根据《著作权法》第 10 条之规定,著作权人享有的财产权包括:复制权、发行权、出租权、展览权、表演权、放映权、广播权、信息网络传播权、摄制权、改编权、翻译权、汇编权及应当由著作权人享有的其他权利。著作权属于公民的,公民死亡后,其享有的财产权在《著作权法》规定的保护期内,可以继承。

7. 宅基地可以继承吗?

宅基地上的权利包括宅基地所有权和宅基地使用权两部分。我国对宅基地严格实行“一户一宅”制度,宅基地归集体所有,宅基地使用权是家庭共同共有财产。宅基地使用权本身不得单独转移且不能用于抵押，也不能进行继承。但宅基地上的房屋属于公民合法财产，宅基地使用权人可以将地上建筑物以出租、赠与、继承、遗赠的方式转移给他人，宅基地使用权也随之转移。

8. 人寿保险中的保险金可以作为遗产继承吗？

人寿保险，是保险标的为人的生命、健康等的保险。投保人与保险公司订立保险合同，并按约定交纳保险费后，保险合同关系成立。保险事故发生后，保险人应向受益人支付保险金。人寿保险合同中，受益人就是根据合同有权领取保险金的人，受益人由被保险人指定，既可以是投保人，也可以是第三人。被保险人未指明受益人时，他的法定继承人被推定为受益人。

因此，一般而言，被保险人死亡后，受益人应得的保险金不能列入遗产范围，不能作为遗产继承，也不能用来清偿死者生前所欠的税款和所负的债务。这是因为，在保险合同订立时，保险金的所有权已经明确为受益人所有。

9. 死亡抚恤金是否属于遗产？

当职工因公死亡或革命军人牺牲或病故时，有关国家机关、企事业单位会按照相应规定，发给死者亲属一定的死亡抚恤金。发放这种抚恤金，是用来优抚和救济死者家属，特别是用来优抚那些依靠死者生活的未成年人和丧失劳动能力的亲属。因此，抚恤金并不是发给死者的，而是发给死者家属的，应由受抚恤的家属直接享有，而不能作为死者的遗产由继承人继承。

10. 生前通过立遗嘱的方式将死后的丧葬费和抚恤金进行处理，是否有效？

丧葬费、抚恤金以死者死亡为条件，并非公民死亡时遗留的财产，故丧葬费、抚恤金不属于遗产。由于丧葬费、抚恤金不属于死者的遗产，故即使遗嘱人在遗嘱中对此进行了处分，这种处分行为也是无效、不发生法律效力的。但所有继承人可通过协议的方式对抚恤金和丧葬费进行分割或者处分。

所以，生前通过立遗嘱的方式将死后的丧葬费和抚恤金进行处理的行为是无效的。

11. 网络游戏中的高级装备可否作为遗产继承？

随着社会的发展，新鲜事物不断涌现，自然人财产的范围随之扩大。所谓财产是能够为人所拥有，具有价值的物资以及可以换取物资的钱财。合法财产，是指通过合法途径取得，受到法律保护的物资以及钱财。网络游戏中能卖高价钱的高级装备具有现实的使用价值，属于可以依法继承的公民的其他合法财产。因此，网络游戏中高级装备可作为遗产被继承。

12. 继承开始后法定继承、遗嘱继承和遗赠扶养协议的办理顺序如何？

《民法典》第1123条规定，继承开始后，按照法定继承办理；有遗嘱的，按照遗嘱继承或者遗赠办理；有遗赠扶养协议的，按照协议办理。

在继承中，如果各种继承方式并存，应首先执行遗赠扶养协议，其次是遗嘱继承和遗赠，最后才是法定继承。被继承人生前与他人订有遗赠扶养协议，同时又立有遗嘱的，继承开始后，如果遗赠扶养协议与遗嘱没有抵触，遗产分别按协议和遗嘱处理；如果有抵触，按协议处理，与协议抵触的遗嘱全部或部分无效。

13. 继承人如果放弃继承需要在什么时候提出？

《民法典》第1124条规定，继承开始后，继承人放弃继承的，应当在遗产处理前，以书面形式作出放弃继承的表示；没有表示的，视为接受继承。受遗赠人应当在知道受遗赠后 60 日内，作出接受或者放弃受遗赠的表示；到期没有表示的，视为放弃受遗赠。

根据上述规定，放弃继承的表示期限应当是从继承开始时起到遗产处理时止。由于继承权的放弃在继承中具有重要作用，因此，继承人只有在期限内以书面形式明确作出放弃继承的表示才有效。否则，视为接受继承。放弃继承的意思表示必须在继承开始以后，因为在此之前，继承尚未开始，不存在放弃继承权的问题。

14. 继承人放弃继承的遗产怎么处理？

法定继承中，继承人中的一人或数人放弃继承权后，其应继承份额则由同一顺序的其他继承人继承；如果第一顺序的继承人都放弃继承权，则由第二顺序的继承人继承。在所有继承人都放弃继承权的情况下，如果没有受赠人和酌情分得遗产人，则其遗产归国家或集体所有。遗嘱继承中，遗嘱继承人放弃继承，相应部分的遗产则转归法定继承人继承。

15. 子女放弃继承权可以不尽赡养义务吗？

赡养和继承权的放弃是两个完全不同的法律概念，不能混为一谈。赡养，是指子女对父母在经济上的供养、生活上的照料及精神上的慰藉。根据《宪法》第 49 条第 3 款之规定，成年子女有赡养扶助父母的义务。《老年人权益保障法》第 19 条第 1 款规定，赡养人不得以放弃继承权或者其他理由，拒绝履行赡养义务。也就是说，赡养人赡养父母的义务是法定的，是无条件的，是必须履行的，除非赡养人无力赡养。继承权是公民的一项基本权利，继承人可以根据自己的意志决定接受还是放弃。但赡养父母是法定义务，不因放弃继承权而免除。

16. 继承开始后受遗赠人在知道受遗赠后 60 日内没有表示的,视为放弃受遗赠吗?

是的。《民法典》第 1124 条第 2 款规定,受遗赠人应当在知道受遗赠后 60 日内,作出接受或者放弃受遗赠的表示;到期没有表示的,视为放弃受遗赠。

在日常生活中,受遗赠人因为某些原因不愿接受遗赠,又不作出相应表示,如果法律不规定一个期限要求其明确表示,那么遗赠的财产总处于一种权属不明的状态,不利于财产的流转。因此,受遗赠人需要在知道受遗赠后 60 日内作出是否接受遗赠的表示,到期没有表示的,视为放弃受遗赠。此外,对于受遗赠人放弃受遗赠,法律没有规定具体的方式和程序,实践中只要受遗赠人向继承人或其他利害关系人明确表示即可。表达方式既可以是书面的,也可以是口头的。

17. 继承人的哪些行为可能导致其丧失继承权的?

《民法典》第 1125 条规定,继承人有下列行为之一的,丧失继承权:

(1)故意杀害被继承人;

(2)为争夺遗产而杀害其他继承人;

(3)遗弃被继承人,或者虐待被继承人情节严重;

(4)伪造、篡改、隐匿或者销毁遗嘱,情节严重;

(5)以欺诈、胁迫手段迫使或者妨碍被继承人设立、变更或者撤回遗嘱,情节严重。

继承人有前款第 3 项至第 5 项行为,确有悔改表现,被继承人表示宽恕或者事后在遗嘱中将其列为继承人的,该继承人不丧失继承权。

受遗赠人有本条第1款规定行为的，丧失受遗赠权。

比如，李大爷中年丧妻，有两个儿子。大儿子李明在外地工作，力所能及地尽了赡养义务。而次子李朋虽然离老人不远，却很少看望老人，不尽赡养义务。老人因病去世后，李朋闻讯回家，对老人的后事漠不关心，却在屋里东翻西找，最后在老人的枕头下摸出一个1万元的存折，里面夹着一张纸条。纸条上写着："我有存款1万元，全部留给儿子李明。"李朋看后灵机一动，随即将纸条中的"明"字改成"朋"字。第二天李明从外地赶来，李朋掏出纸条交给李明说："你瞧瞧吧，这是爸爸临终前给我的。"李明看后说，父亲临终前给他写信，数次表明李朋对自己如何不好，并写明1万元存折在枕头下，留给大儿子李明。两兄弟争执不下，一场继承遗产的官司就此产生。本案中，李朋篡改遗嘱，想达到侵犯哥哥继承权的目的，将父亲的遗产占为己有，行为是恶劣的，情节应当是严重的。因此，李朋丧失对李大爷遗产的继承权，李大爷1万元遗产应按照其遗嘱处理，全部由李明继承。

18.《民法典》设立的对继承人的"宽恕制度"指什么？

《民法典》第1125条在列举继承人丧失继承权的5种行为的同时，规定"继承人有前款第三项至第五项行为，确有悔改表现，被继承人表示宽恕或者事后在遗嘱中将其列为继承人的，该继承人不丧失继承权"。这就是所谓对继承人的"宽恕制度"。具体而言，继承人有遗弃被继承人，或者虐待被继承人情节严重的行为；伪造、篡改、隐匿或者销毁遗嘱，情节严重的行为；以欺诈、胁迫手段迫使或者妨碍被继承人设立、变更或者撤回遗嘱，情节严重的行为。确有悔改表现，被继承人表示宽恕或者事后在遗嘱中将其列为继承人的，该继承人不丧失继承权。

《民法典》增加的对继承人的"宽恕制度"，是对继承权法定丧失制度的完善。"宽恕制度"的目的是维护和谐的家庭关系，给继承人改过自新的机会,同时也尊重了被继承人的意愿。

19. 杀害其他继承人会丧失继承权吗?

根据《民法典》第1125条之规定,为争夺遗产而杀害其他继承人的,继承人丧失继承权。因此,为了争夺遗产而杀害其他继承人的,该继承人会丧失继承权。构成要件包括:(1)继承人杀害的对象是其他继承人,即继承人实施了非法剥夺其他继承人生命的行为;(2)继承人杀害其他继承人是为了争夺遗产。若杀害其他继承人的动机为其他,则不符合此项要件,不影响其享有继承权。

20. 断绝亲子关系后还有权继承遗产吗?

亲子关系没有断绝一说,子女仍享有继承父母遗产的权利。

虽然在日常生活中,我们会经常听见一些父母说要和不听话的孩子断绝亲子关系。但是就断绝亲子关系一说,是没有法律依据的,也就是说即使存在书面上的断绝亲子关系的证明,也是无效的。因为父母子女之间的关系,不仅是由血缘关系决定的,还有法定的成分。父母子女之间的亲子关系,从血缘上来说,不可能因为一纸“断绝书”而断绝。同样地,在法律上,这样的“断绝书”也是无效的,这样的“断绝书”既不能解除孩子与父母之间的亲子关系,也不能消除他们之间互负的权利义务。根据《民法典》第1127条之规定,配偶、子女、父母为第一顺序的继承人。因为子女和父母互为第一顺序继承人,在没有遗嘱的前提下,他们可以按照法定继承的原则分配遗产,行使继承权。

因此,不但断绝亲子关系这一行为没有法律效力,而且子女和父母是有权继承彼此遗产的。

第二章 法定继承

21. 男女平等享有继承权吗？

在实际生活中，一些偏僻的地方还存在重男轻女的思想，出现了各种各样剥夺女儿继承权的情况。例如，有的父母认为嫁出去的女儿是“泼出去的水”，不承认出嫁女儿的继承权；有的同胞兄弟不让出嫁姐妹继承父母的遗产。中华人民共和国成立后，男女平等被写进《宪法》。继承权男女平等是男女平等宪法精神在《民法典》继承编中的体现。因此，女性在继承遗产时享有与男性平等的权利。

22. 法定继承人继承遗产的顺序是什么？

《民法典》第 1127 条规定，遗产按照下列顺序继承：

（1）第一顺序：配偶、子女、父母；

（2）第二顺序：兄弟姐妹、祖父母、外祖父母。

继承开始后，由第一顺序继承人继承，第二顺序继承人不继承；没有第一顺序继承人继承的，由第二顺序继承人继承。

本编所称子女，包括婚生子女、非婚生子女、养子女和有扶养关系的继子女。

本编所称父母，包括生父母、养父母和有扶养关系的继父母。

本编所称兄弟姐妹，包括同父母的兄弟姐妹、同父异母或者同母异父的兄弟姐妹、养兄弟姐妹、有扶养关系的继兄弟姐妹。

法定继承的顺序是先由第一顺序的继承人继承，只有在没有第一顺序继承人或者第一顺序继承人全部放弃或丧失继承权的情况下，才由第二顺序继承人继承。

23. 同一顺序的继承人之间还有先后之分吗？

在法定继承中，同一顺序的继承人，无论有多少，应同时继承，没有先后次序之分。

24. 继父母子女之间互有继承权吗？

继父母子女之间是否有继承权要看是否形成抚养关系。父母再婚时，如果子女已成年，那么其与父母再婚的对象不能形成有抚养关系的继父母子女关系，互相之间没有继承权，但成年子女因精神状态等原因属于限制民事行为能力人或无民事行为能力人的除外。如果父母再婚时子女未成年，则要依具体情况判断是否与继父母形成抚养关系，比如，是否共同生活、是否有抚养教育事实等。如果确认有抚养关系，那么继子女就有赡养继父母的义务，且双方互相产生法定继承权。如果没有抚养关系，继父母子女之间就不存在法定继承权。

25. 继子女继承继父母的遗产后，还能继承生父母的遗产吗？

与继父母形成扶养关系的继子女，对继父母的遗产享有继承权，同时，继子女继承继父母遗产，并不影响其继承生父母的遗产。因为继父母子女关系的形成并不影响亲生父母子女关系的维持，所以继子女当然享有继承其生父母遗产的权利。

26. 代位继承是怎么一回事？

《民法典》第 1128 条规定，被继承人的子女先于被继承人死亡的，由被继承人的子女的直系晚辈血亲代位继承。被继承人的兄弟姐妹先于被继承人死亡的，由被继承人的兄弟姐妹的子女代位继承。代位继承人一般只能继承被代位继承人有权继承的遗产份额。

把握代位继承需要了解以下五个方面：

(1)代位继承只限于被继承人的子女或兄弟姐妹先于被继承人死亡的情况。

(2)代位继承人只限于被代位继承人的晚辈直系血亲或兄弟姐妹

的子女。

(3)代位继承人一般只能继承被代位继承人应继承的遗产份额。

(4)先于被继承人死亡的子女或兄弟姐妹具备丧失继承权的情形且被人民法院判决丧失继承权的,其晚辈不得代位继承。

(5)代位继承只适用于法定继承,不适用于遗嘱继承。

27. 丧偶儿媳或者女婿在什么情况下可以成为公婆、岳父母的第一顺序继承人?

《民法典》第1129条规定,丧偶儿媳对公婆,丧偶女婿对岳父母,尽了主要赡养义务的,作为第一顺序继承人。可见,对公婆、岳父母尽主要赡养义务的丧偶儿媳、丧偶女婿可以取得继承权。

那么,如何认定丧偶儿媳、丧偶女婿“尽了主要赡养义务”呢?如果丧偶儿媳、丧偶女婿对被继承人生活提供了主要经济来源,或在劳务等方面给予了主要扶助的,应当认定其尽了主要赡养义务。具体表现在以下三个方面:(1)在经济上为老人生活提供了帮助,老人主要依靠其提供的帮助维持生活;(2)为老人日常生活提供主要帮助,如为老人做饭、打扫卫生、生病时进行护理等;(3)对老人的帮助具有长期性。如属偶尔的看望、有限的劳务帮助等,不能视为尽了主要赡养义务,不能由此取得第一顺序继承人资格。

28. 法定遗产继承份额如何确定?

《民法典》第1130条规定,同一顺序继承人继承遗产的份额,一般应当均等。对生活有特殊困难又缺乏劳动能力的继承人,分配遗产时,应当予以照顾。对被继承人尽了主要扶养义务或者与被继承人共同生活的继承人,分配遗产时,可以多分。有扶养能力和有扶养条件的继承人,不尽扶养义务的,分配遗产时,应当不分或者少分。继承人协商同意的,也可以不均等。

被继承人死亡后,如同一顺序的法定继承人有数人,则存在每位继承人所应继承遗产份额的问题。继承遗产时,应当按照如下情况确定遗产继承份额的标准:

(1)同一顺序继承人继承遗产的份额,一般情况下应当均等。所谓"一般情况",是指同一顺序的各个法定继承人,彼此在生活状况、劳动能力以及对被继承人所尽抚养、扶养或赡养义务等方面,情况基本相同,条件大致接近。所谓"均等",是指同一顺序的各个法定继承人所取得的被继承人遗产数额比例相同,没有明显差别。

(2)对生活有特殊困难又缺乏劳动能力的继承人,分配遗产时,应当予以照顾。生活有特殊困难,是指继承人因为没有独立的经济收入或其他生活来源,难以维持基本的物质生活条件。缺乏劳动能力,是指继承人因尚未成年不具备劳动能力或因年迈、疾病等原因而部分丧失或全部丧失劳动能力。

(3)对被继承人尽了主要扶养义务或者与被继承人共同生活的继承人,分配遗产时,可以多分。对被继承人尽了主要扶养义务,是指对被继承人负有法定的抚养、扶养和赡养义务的继承人,为被继承人的生活提供了主要的经济来源或者提供了主要的劳务扶助。与被继承人共同生活,是指继承人与被继承人在日常生活方面处于相互紧密联系状态,彼此相互关心和照顾。

(4)有扶养能力和有扶养条件的继承人,不尽扶养义务的,分配遗产时,应当不分或者少分。如果对被继承人负有法定的抚养、扶养和赡养义务的继承人,在其具有履行抚养、扶养和赡养义务的条件下,拒绝履行上述义务,那么在分配遗产时,不应分给这类继承人任何遗产,或者仅分给其极少份额的遗产,以此作为对这类继承人的制裁。

(5)继承人协商同意的,也可以不均等。在同一顺序的各个法定继承人的条件大致相当的情况下,继承人之间既可均等分配也可以协商,在达成一致同意的基础上,对被继承人的遗产进行不均等分配。

这是继承人自主自愿地行使其继承权的结果，法律对此不加以干预。

29. 继承人以外的人可以要求分得遗产吗？

《民法典》第 1131 条规定，对继承人以外的依靠被继承人扶养的人，或者继承人以外的对被继承人扶养较多的人，可以分给适当的遗产。

在法定继承中，除了那些享有合法继承权的人参与继承外，《民法典》第 1131 条还赋予符合一定条件但没有继承权的人取得适当遗产的权利。法律之所以赋予该权利是因为他们和被继承人之间存在特别扶养关系，这是基于保障人权和弘扬美德的考虑。下列人员享有分得适当遗产的权利：(1) 依靠被继承人扶养的人；(2) 对被继承人扶养较多的人。

30. 被收养子女是否还能分得生父母的遗产？

子女被他人收养后，生父母与生子女之间的权利义务关系随即解除，生父母和生子女之间，互相不再享有继承权。但如果被收养人对养父母尽了赡养义务，同时又对生父母扶养较多的，除可依据《民法典》第 1127 条的规定继承养父母的遗产外，还可以依据《民法典》第 1131 条的规定分得生父母的适当遗产。

31. 遗产分割的时间、办法和份额应该如何确定？

《民法典》第 1132 条规定，继承人应当本着互谅互让、和睦团结的精神，协商处理继承问题。遗产分割的时间、办法和份额，由继承人协商确定；协商不成的，可以由人民调解委员会调解或者向人民法院提起诉讼。

由此可见，继承开始后，为避免争议，继承人之间应当及时协商处理继承问题。以协商处理为主。若协商不成，可以由人民调解委员会调解或者向人民法院提起诉讼。

第三章　遗嘱继承和遗赠

32. 自然人如何通过立遗嘱的方式处分自己的个人财产呢？

《民法典》第 1133 条规定，自然人可以依照本法规定立遗嘱处分个人财产，并可以指定遗嘱执行人。自然人可以立遗嘱将个人财产指定由法定继承人中的一人或者数人继承。自然人可以立遗嘱将个人财产赠与国家、集体或者法定继承人以外的组织、个人。自然人可以依法设立遗嘱信托。

遗嘱有效需要具备以下三个条件：首先，立遗嘱人必须具有完全的民事行为能力。即能够完全辨认自己行为的成年人所立的遗嘱才有效。因此，无民事行为能力人或者限制民事行为能力人（如未成年人等）订立的遗嘱无效。其次，遗嘱必须是立遗嘱人的真实意思表示，受胁迫、欺诈所立遗嘱以及被篡改、伪造的遗嘱无效。最后，遗嘱的内容不得违反法律，不得损害国家、集体的利益，不得处分属于国家、集体或他人的财产。

33. 遗嘱继承和遗赠有什么区别？

遗嘱继承，是指按照遗嘱人生前所留下的合法遗嘱的内容要求，确定被继承人的继承人及各继承人应继承遗产的份额。

遗赠是公民以遗嘱方式将个人财产赠给国家、集体或者法定继承人以外的组织、个人，而于其死亡时发生法律效力的民事行为。立遗嘱的公民为遗赠人，接受遗赠的人为受遗赠人。

遗赠与遗嘱继承都是通过遗嘱方式处分财产，这两种方式在形式上有许多相似之处，但区别是明显的。遗嘱继承与遗赠的区别主要体现在以下两个方面：

(1)遗嘱继承人与受遗赠人的范围不同。遗嘱继承人只能是法定继承人范围以内的人;而受遗赠人既可以是法定继承人以外的公民,也可以是国家、集体或组织。

(2)遗嘱继承人在继承开始后遗产分割前未明确表示放弃的,即视为继承;而受遗赠人在知道受遗赠后60日内未作出接受遗赠表示的,视为放弃,即丧失受遗赠权。

34. 有了遗嘱就一定可以继承遗产了吗?

有了遗嘱,并不意味着遗嘱人的意愿就能全部实现。如出现以下情况时,继承遗产就会出现麻烦。(1)遗嘱继承能够顺利进行,前提条件是所立遗嘱必须合法有效。如果遗嘱最终被认定为无效,遗嘱继承显然无法实现。(2)遗嘱对财产及财产线索写得不明晰。(3)遗嘱因未妥善保存而灭失。(4)成为遗嘱中指定的继承人,但根据《民法典》第1125条之规定,出现以下情况,继承人丧失继承权:故意杀害被继承人的;为争夺遗产而杀害其他继承人的;遗弃被继承人的,或者虐待被继承人情节严重的;伪造、篡改、隐匿或者销毁遗嘱,情节严重的;以欺诈、胁迫手段迫使或者妨碍被继承人设立、变更或者撤回遗嘱,情节严重的。

35. 当事人准备自书遗嘱时需要注意哪些问题?

《民法典》第1134条规定,自书遗嘱由遗嘱人亲笔书写,签名,注明年、月、日。

自书遗嘱,是指遗嘱人亲笔制作的书面遗嘱,遗嘱人有权依照法律的规定,根据自己的意志对死后的财产预先作出处分。准备自书遗嘱时一定要注意以下四个问题:

首先,遗嘱人亲笔书写。自书遗嘱必须由遗嘱人亲笔书写,书写时字迹要清晰,语义要准确,不要使用模棱两可的语言,否则很容易在执行遗嘱时产生纠纷。在选择书写的用笔时，最好别用铅笔，用毛笔、钢笔或签字笔，这样容易保存，也不易被人篡改。

其次，要注明年、月、日。写完遗嘱后，遗嘱人必须写清楚立遗嘱的时间，年、月、日三项都得写清楚，不要漏掉其中任何一项，否则容易出现纠纷。

再次，签名。写完遗嘱后，遗嘱人一定别忘了签上自己的姓名，这不能让别人代签，一般也不能只用捺手印来代替签名。

最后，自书遗嘱中如需涂改、增删，应当在涂改、增删内容的旁边注明涂改、增删的字数，且应在涂改、增删处另行签名。

36. 代书遗嘱上立遗嘱人需要签字吗？

需要。《民法典》第1135条规定，代书遗嘱应当有两个以上见证人在场见证，由其中一人代书，并由遗嘱人、代书人和其他见证人签名，注明年、月、日。

代书遗嘱，是指由立遗嘱人以外的其他人代为书写的遗嘱。虽代书遗嘱是由他人代书并见证，立遗嘱人无须自己书写，但是对代书遗嘱，立遗嘱人需要对该遗嘱内容予以签字确认。如果出现立遗嘱人是文盲或半文盲，不会书写自己名字的情况，也不可由他人代为签字，其可在签字处捺手印。有效的解决办法是，让其勉强写出自己的名字，并在自己书写的名字上捺手印，同时对该过程进行录像来加强证据效力。

37. 打印遗嘱是否有效？

《民法典》第1136条规定，打印遗嘱应当有两个以上见证人在场见证。遗嘱人和见证人应当在遗嘱每一页签名，注明年、月、日。

打印遗嘱有效需要具备如下条件：(1)有两名以上见证人在场；(2)遗嘱人在遗嘱每一页签名，注明年、月、日；(3)见证人在遗嘱每一页签名，注明年、月、日。

38. 以录音录像形式立的遗嘱需要注意哪些问题？

《民法典》第1137条规定，以录音录像形式立的遗嘱，应当有两个以上见证人在场见证。遗嘱人和见证人应当在录音录像中记录其姓名或者肖像，以及年、月、日。

随着科技的发展，实践中通过录音录像的方式订立遗嘱的人越来越多，《民法典》增加录音录像形式的遗嘱并作出了具体规范，这使遗嘱人在订立遗嘱时更加方便，给遗嘱人的自由意思以充分的尊重。

39. 法律关于口头遗嘱是如何规定的？

《民法典》第1138条规定，遗嘱人在危急情况下，可以立口头遗嘱。口头遗嘱应当有两个以上见证人在场见证。危急情况消除后，遗嘱人能够以书面或者录音录像形式立遗嘱的，所立的口头遗嘱无效。

法律规定的口头遗嘱只能是在危急情况下的应急措施，以危急情况为其适用要件，不是任何场合都可以使用的。危急情况主要有以下五种：(1)遗嘱人因病危濒临死亡时，在病榻上所立的口头遗嘱；(2)因自然灾害致使遗嘱人处于生命危险时，在遇难现场所立的口头遗嘱；(3)在战争中遗嘱人身负重伤，生命垂危时，在战场上所立的口头遗嘱；(4)遗嘱人遭遇不法侵害，生命垂危时，在遇害现场所立的口头遗嘱；(5)遗嘱人在航海、航空中遇到事故，生命有危险时，在航空器或船舶上所立的口头遗嘱。

40. 如何办理遗嘱公证？

《民法典》第1139条规定，公证遗嘱由遗嘱人经公证机构办理。

遗嘱公证，是指公民生前对自己的财产作出安排，并经国家公证机关公证，于死亡时立即发生法律效力的法律行为。进行遗嘱公证，可向立嘱人提供法律上的保障,对预防和减少纠纷都有积极的作用。

依据我国 2000 年 7 月 1 日实施的《遗嘱公证细则》,办理遗嘱公证,需要以下步骤:

第一,申请。遗嘱人申办遗嘱公证应当亲自到遗嘱人住所地或者遗嘱行为发生地公证处提出申请。亲自到公证处有困难的,遗嘱人可通过书面或者口头形式请求有管辖权的公证处指派公证人员到其住所或者临时处所办理。申办遗嘱公证,遗嘱人应当填写公证申请表,并提交居民身份证或者其他身份证件以及遗嘱涉及的不动产、交通工具或者其他有产权凭证的财产的产权证明,此外遗嘱人还需提交公证人员认为应当提交的其他材料。

第二,审查。公证处从以下几方面进行审查:遗嘱人是否具有完全民事行为能力,意思表示是否真实;遗嘱人所处分的财产是否为其个人财产;遗嘱内容是否违反法律规定和社会公共利益,内容是否完备,文字表述是否准确,签名、制作日期是否齐全;办证程序是否符合规定。

第三,出具公证书。通过审查的,公证处应当出具公证书。公证遗嘱采用打印形式。遗嘱人根据遗嘱原稿核对后,应当在打印的公证遗嘱上签名。

公证处对遗嘱公证卷应当列为密卷保存。遗嘱人死亡后,转为普通卷保存。公证遗嘱生效前,遗嘱卷宗不得对外借阅,公证人员亦不得对外透露遗嘱内容。

41. 办理遗嘱公证时需要准备哪些材料?

申请办理遗嘱公证时应提交如下材料:居民身份证或者其他身份证件;遗嘱涉及的不动产、交通工具或者其他有产权凭证的财产的产权证明;遗嘱;公证申请表。其中遗嘱应写明:(1)遗嘱人的姓名、性别、出生日期、住址;(2)遗嘱处分的财产状况(名称、数量、所在地点以及是否共有、抵押等)；(3)对财产和其他事务的具体处理意见；(4)有遗嘱执行人的，应当写明执行人姓名、性别、年龄、住址等；(5)遗嘱制作的日期以及遗嘱人的签名。

42. 公证遗嘱也是书面形式吗?

是的。公证遗嘱采用书面打印形式，遗嘱人根据遗嘱原稿核对后，应当在打印的公证遗嘱上签名。遗嘱人不会签名或者签名有困难的，可以盖章方式代替其在申请表、笔录和遗嘱上的签名；遗嘱人既不能签字又无印章的，应当以捺手印方式代替签名或者盖章。此类情形，公证人员应当在笔录中注明。以捺手印代替签名或者盖章的，公证人员应当提取遗嘱人全部的指纹存档。

43. 有确凿证据证明公证遗嘱部分违法的，公证处应当如何处理?

如果有其他确凿的证据证明公证遗嘱部分或全部违法，公证遗嘱是可以推翻的。《遗嘱公证细则》第23条规定，公证遗嘱生效后，与继承权益相关的人员有确凿证据证明公证遗嘱部分违法的，公证处应当予以调查核实；经调查核实，公证遗嘱部分内容确属违法的，公证处应当撤销对公证遗嘱中违法部分的公证证明。

44. 公证尚未结束遗嘱人死亡或者丧失行为能力的，公证处应当如何处理?

《遗嘱公证细则》第19条规定，公证处审批人批准遗嘱公证书之前，遗嘱人死亡或者丧失行为能力的，公证处应当终止办理遗嘱公证。遗嘱人提供或者公证人员代书、录制的遗嘱，符合代书遗嘱条件或者经承办公证人员见证符合自书、录音、口头遗嘱条件的，公证处可以将该遗嘱发给遗嘱受益人，并将其复印件存入终止公证的档案。公证处审批人批准之后，遗嘱人死亡或者丧失行为能力的，公证处应当完成公证遗嘱的制作。遗嘱人无法在打印的公证遗嘱上签名的，可依符合第 17 条规定的遗嘱原稿的复印件制作公证遗嘱，遗嘱原稿留公证处存档。

45. 遗嘱人坚持申请办理共同遗嘱公证的如何处理？

《遗嘱公证细则》第 15 条规定，两个以上的遗嘱人申请办理共同遗嘱公证的，公证处应当引导他们分别设立遗嘱。遗嘱人坚持申请办理共同遗嘱公证的，共同遗嘱中应当明确遗嘱变更、撤销及生效的条件。

因此，如果两个以上的遗嘱人坚持申请办理共同遗嘱公证的，公证处也可以视情况进行公证，但要注意共同遗嘱中应当明确遗嘱变更、撤销及生效的条件，防止出现纠纷。

46. 遗嘱公证卷可以交由申请人带走吗？

不可以。根据《遗嘱公证细则》第 21 条之规定，申请人带走的是遗嘱公证书，而记录整个遗嘱公证情况的遗嘱公证卷应当列为密卷保存。遗嘱人死亡后，转为普通卷保存。公证遗嘱生效前，遗嘱卷宗不得对外借阅，公证人员亦不得对外透露遗嘱内容。

47. 哪些人不能作为遗嘱见证人？

遗嘱见证人，是指受遗嘱人邀请见证遗嘱的自然人，或者说是遗嘱人立遗嘱的证明人。遗嘱人订立代书、打印、录音录像、口头遗嘱时应当有两个以上见证人在场见证。这是因为上述遗嘱的准确性、可靠性不及自书、公证遗嘱，由见证人见证，可防止遗嘱被伪造、篡改，有助于表达遗嘱人的真实意思。而且必须有两个以上的见证人，只有一个或没有见证人的上述遗嘱无效。

《民法典》第1140条规定，下列人员不能作为遗嘱见证人：

（1）无民事行为能力人、限制民事行为能力人以及其他不具有见证能力的人；

（2）继承人、受遗赠人；

（3）与继承人、受遗赠人有利害关系的人。

48. 继承人的债权人可以作为订立遗嘱时的见证人吗？

不可以。根据《民法典》第1140条之规定，与继承人、受遗赠人有利害关系的人不能作为被继承人、遗赠人订立遗嘱时的见证人。与继承人、受遗赠人有利害关系的人，由于利益关系的影响，难以保证其证明的客观性、真实性，因此这些人不能做遗嘱见证人。与继承人、受遗赠人有利害关系的人通常包括：继承人、受遗赠人的债权人、债务人，共同经营的合伙人等。

49. 遗嘱应当为缺乏劳动能力又没有生活来源的继承人保留必要的遗产份额吗？

应当。《民法典》第1141条规定，遗嘱应当为缺乏劳动能力又没有生活来源的继承人保留必要的遗产份额。

可见，法律在充分尊重公民自由处分个人财产的同时，也保护了缺乏劳动能力又没有生活来源的继承人的利益。被继承人立遗嘱时，不应当剥夺缺乏劳动能力又没有生活来源的继承人的合法继承权。这不仅是法律制度规定的，还是社会主义道德要求的，更是保护缺乏劳动能力又没有生活来源的继承人健康成长的需要。

原告小王（13岁）的父亲老王在临终前立下遗嘱，将全部遗产赠给了一直照顾自己的邻居，对于自己的亲生儿子小王却分文未留。原来小王痴迷网络游戏，学习成绩一直很差，不管老王怎样苦口婆心地教育，小王就是屡教不改。后来小王干脆辍学到社会上去瞎混，还经常因小偷小摸或打架斗殴被抓进派出所。在老王病危期间,小王也没有回家照顾自己的父亲,这让老王彻底对小王失去了信心,所以立下遗嘱,一分钱遗产也不给儿子留下。现在老王去世了,小王按照父亲的遗嘱一分钱也得不到,遂诉至法院,请求法院宣告自己已过世的父亲生前所立遗嘱无效。由于小王是一个只有13岁的未成年人,明显没有劳动能力和生活来源。小王尚未成年且没有丧失继承权的情形,理应为其保留必要的遗产份额,剩余部分才能由其邻居继承。据此,人民法院依法判决老王生前所立的遗嘱部分无效。

50. 遗嘱没有预留法定份额的怎么办?

遗嘱最大的特点在于其充分反映被继承人的意愿,但为了保护特殊继承人的权益,《民法典》第1141条规定,遗嘱应当为缺乏劳动能力又没有生活来源的继承人保留必要的遗产份额。如果遗嘱中没有保留缺乏劳动能力又没有生活来源的继承人的遗产份额,遗嘱就存在瑕疵,那么在遗产处理时,应当为该继承人留下必要的遗产,剩余的部分才可参照遗嘱确定的分配原则处理。至于继承人是否缺乏劳动能力又没有生活来源,应按遗嘱生效时该继承人的具体情况确定。

51. 遗嘱人立完遗嘱后还可以撤回和变更自己所立的遗嘱吗?

《民法典》第1142条规定,遗嘱人可以撤回、变更自己所立的遗嘱。立遗嘱后,遗嘱人实施与遗嘱内容相反的民事法律行为的,视为对遗嘱相关内容的撤回。立有数份遗嘱,内容相抵触的,以最后的遗嘱为准。

所谓遗嘱的撤回,就是把已经立好的遗嘱通过一定的方式,使其全部失去效力。比如,遗嘱人故意把所立遗嘱销毁。所谓遗嘱的变更,是指遗嘱人对所立遗嘱的内容作部分修改,使部分遗嘱内容失去效力。法律允许遗嘱人对自己所立的遗嘱进行撤回和变更。公民立遗嘱后，由于主客观条件的变化，使继承人或被继承人的情况发生改变，这时立遗嘱人便可根据实际情况作出相应的变更遗嘱的行为。例如，遗嘱人在原来设立的遗嘱中对某一继承人少分了遗产，后来由于意外事故该继承人丧失了劳动能力，生活变得十分困难，这时遗嘱人就可考虑多给他分一些财产，就此变更原遗嘱；又如，由于继承人与被继承人之间的思想感情发生了变化，也可能要变更遗嘱。

52. 如何撤回、变更遗嘱？

遗嘱的撤回或变更，主要有以下两种形式：

(1)明示的撤回或变更。这是基于被继承人明确的意思表示而撤回或变更。公民撤回、变更遗嘱，只能由遗嘱人本人亲自进行。撤回、变更遗嘱的方式有两种：第一，制作新遗嘱，用以撤回、变更原遗嘱内容。第二，提出撤回、变更原遗嘱的声明，但必须按设立遗嘱的方式和程序进行。比如，以自书遗嘱撤回、变更其他形式的遗嘱时，必须由遗嘱人亲笔书写、签名，注明年、月、日；以代书遗嘱撤回、变更其他遗嘱时，应当有两个以上的见证人在场见证，并由遗嘱人、代书人和其他见证人签名，注明年、月、日。否则，撤回或变更不发生效力。

(2)推定的撤回或变更。主要基于被继承人行为而产生的撤回或变更。也就是说，被继承人虽然没有直接的意思表示，但是其行为却传达出撤回或变更的意思。遗嘱人生前的行为与遗嘱的意思表示相反，而使遗嘱处分的财产在继承开始前灭失、部分灭失或所有权转移、部分转移的，遗嘱视为被撤回或部分被撤回。例如，遗嘱人立遗嘱把财产留给三个子女，但在生前将遗嘱所涉及的该项财产变卖了，这种生前处分财产的行为在法律上视为遗嘱的撤回。

53. 公证遗嘱效力优先吗？

在以前，如果遗嘱人订立公证遗嘱后又反悔，需要再次去办理遗嘱公证才能使前遗嘱无效。如果遗嘱人年龄大了或生病了,立完自书遗嘱后没来得及办理公证就死亡,那还以公证遗嘱为准显然违背了遗嘱人的真实意愿,实际上剥夺了他的遗嘱自由。

《民法典》删除了公证遗嘱效力优先的规定,强调有数份遗嘱存在时,如果内容有冲突,以最后的遗嘱为准。避免赋予公证遗嘱过于绝对的优先效力,切实尊重立遗嘱人的真实意愿,给予行动不便的立遗嘱人更多选择,给立遗嘱人的自由意思以最大尊重的立法表示,避免从形式或客观限制条件上影响其真实意愿。

54. 什么样的遗嘱是无效的?

《民法典》第 1143 条规定,无民事行为能力人或者限制民事行为能力人所立的遗嘱无效。遗嘱必须表示遗嘱人的真实意思,受欺诈、胁迫所立的遗嘱无效。伪造的遗嘱无效。遗嘱被篡改的,篡改的内容无效。

有下列情形之一的遗嘱无效:

(1)遗嘱人不具有完全民事行为能力的。

(2)遗嘱内容不是遗嘱人的真实意思表示。例如,遗嘱人受欺诈、胁迫所立的遗嘱无效;伪造的遗嘱无效;遗嘱被篡改的,篡改的内容无效。

(3)由于遗嘱继承人的原因导致遗嘱无效。当遗嘱继承人丧失继承权、放弃继承权、先于被继承人死亡时,因为遗嘱内容无法实现,导致遗嘱无效。

(4)遗嘱内容涉及被处分过或者无权处分的财产。被处分过的财产和无权处分的财产均是遗嘱人无所有权的财产,如果遗嘱人一味地对其进行处分,这部分的遗嘱则会归于无效。

(5)违反法律和社会公共利益。遵守法律和维护社会公共利益是最基本的原则,如果违反则必然导致行为无效。

(6)遗嘱未为特定弱势继承人保留必要份额,或未给胎儿保留必要继承份额,因其要兼顾弱势继承人和胎儿,导致必须预留一部分遗产,否则会使遗嘱部分无效。

(7)不符合遗嘱形式要求的。

(8)多份遗嘱内容冲突导致无效或者遗嘱继承、遗赠和遗赠扶养协议间冲突导致遗嘱部分无效。

(9)内容不清、自相矛盾或无法实现等。

55. 遗嘱可以附有义务吗?

《民法典》第 1144 条规定,遗嘱继承或者遗赠附有义务的,继承人或者受遗赠人应当履行义务。没有正当理由不履行义务的,经利害关系人或者有关组织请求,人民法院可以取消其接受附义务部分遗产的权利。

我国法律承认遗嘱可附义务。公民立遗嘱时,除处分自己的财产外,往往还要托付其他事情,这就发生了遗嘱中的义务,对于遗嘱人的这种终意表示,应予尊重并予执行。如果继承人或者受遗赠人没有正当理由不履行义务的,经利害关系人或者有关组织请求,人民法院可以取消其接受附义务部分遗产的权利。

56. 房屋继承时如何申请产权转移登记?

房屋继承人在继承程序完毕,取得对房屋遗产的合法继承权后,应到房地产管理机关申请办理房屋所有权转移登记手续。《不动产登记暂行条例实施细则》第 14 条规定,因继承、受遗赠取得不动产,当事人申请登记的,应当提交死亡证明材料、遗嘱或者全部法定继承人关于不动产分配的协议以及与被继承人的亲属关系材料等,也可以提交经公证的材料或者生效的法律文书。

第四章 遗产的处理

57. 如何确定遗产管理人?

《民法典》第1145条规定,继承开始后,遗嘱执行人为遗产管理人;没有遗嘱执行人的,继承人应当及时推选遗产管理人;继承人未推选的,则由继承人共同担任遗产管理人;没有继承人或者继承人均放弃继承的,由被继承人生前住所地的民政部门或者村民委员会担任遗产管理人。

被继承人死亡后,遗产随时都面临着被侵吞与毁坏的危险。因此,要想妥善保管遗产,公平保护继承人、受遗赠人、债权人及其他利害关系人的合法权益,首先必须确定遗产管理人对遗产进行管理。一般而言,如果被继承人通过遗嘱指定了遗嘱执行人,通常由遗嘱执行人担任遗产管理人;被继承人没有立遗嘱,或者虽然立了遗嘱但没有指定遗嘱执行人的情况下,继承人之间应当及时推选遗产管理人。如果继承人未推选的,则由继承人共同担任遗产管理人;而在继承人旷缺,即没有继承人或者继承人均放弃继承的情况下,则由被继承人生前住所地的民政部门或者村民委员会担任遗产管理人。

《民法典》第1146条规定,对遗产管理人的确定有争议的,利害关系人可以向人民法院申请指定遗产管理人。因此,利害关系人对遗产管理人确定有异议的,可以向人民法院申请指定遗产管理人。

58. 遗产管理人需要履行哪些职责?

根据《民法典》第1147条之规定,遗产管理人应当履行以下职责:

(1)清理遗产并制作遗产清单。遗产管理人将遗产清点并制作遗产清单,是遗产管理上的第一个重要步骤,务必做到认真、细致、不遗漏、无差错。

（2）向继承人报告遗产情况。遗嘱管理人制作遗产清单后应及时向继承人报告遗产情况。

（3）采取必要措施防止遗产毁损、灭失。遗产管理人所采取的对遗产的必要措施，应当以不变更遗产的标的物或权利的性质为限。例如，为防止遗产被损坏和遗产价值减少，对于易腐败、不适宜继续保存的遗产标的物应及时变卖处理，以保存价款。

（4）处理被继承人的债权债务。遗产管理人只有弄清被继承人是否有债务，是否享有债权等问题以后，才能对遗产进行分割。

（5）按照遗嘱或者依照法律规定分割遗产。遗产管理人应当及时将所存有的遗产移交给遗嘱继承人或者法定继承人。

（6）实施与管理遗产有关的其他必要行为。

59. 遗产管理人超越管理权限需要承担责任吗？

《民法典》第 1148 条规定，遗产管理人应当依法履行职责，因故意或者重大过失造成继承人、受遗赠人、债权人损害的，应当承担民事责任。

遗产管理人在管理遗产时，如果没有采取必要处置措施的权限是不足以保护遗产的。但是，遗产管理人所采取的对遗产的必要的处置措施，应当以不变更遗产的标的物或权利的性质为限。只有在这个范围内才可以对遗产改良和利用，如果超出这个范围，则属于单纯的处分行为，不是管理上的必要行为，遗产管理人不能有此种行为。比如，遗产管理人任意处置遗产，将遗产赠与他人等，就属于超越管理权限的行为。遗产管理人因故意或者重大过失造成继承人、受遗赠人、债权人损害的，应当承担民事责任。

60. 遗产管理人有权要求报酬吗？

《民法典》第 1149 条规定，遗产管理人可以依照法律规定或者按照约定获得报酬。

因此，遗产管理人在遗产管理方面付出劳动之后，是有权依据法律或者约定要求报酬的。

61. 继承开始后由谁通知继承人？

《民法典》第1150条规定，继承开始后，知道被继承人死亡的继承人应当及时通知其他继承人和遗嘱执行人。继承人中无人知道被继承人死亡或者知道被继承人死亡而不能通知的，由被继承人生前所在单位或者住所地的居民委员会、村民委员会负责通知。

继承的通知，是指被继承人死亡后，由知道被继承人死亡的继承人或相关组织以一定方式将该事实告知其他继承人和遗嘱执行人。也就是说，继承开始后，知道被继承人死亡的继承人应当及时通知其他继承人和遗嘱执行人。继承人中无人知道被继承人死亡或者知道被继承人死亡而不能通知的，由被继承人生前所在单位或者住所地的居民委员会、村民委员会负责通知。通知的形式通常包括电话、短信、公告等。

62. 遗产在分割之前由谁保管？

《民法典》第1151条规定，存有遗产的人，应当妥善保管遗产，任何组织或者个人不得侵吞或者争抢。

一般来说，从被继承人死亡到遗产分割都有一个过程。在这期间，如对遗产不加以保管，就有可能使遗产遭受毁损或遗失；也有可能被某个继承人或其他利害关系人隐匿和侵吞，这就会损害其他继承人的利益。为了维护全体继承人的利益，从被继承人死亡到遗产分割这段时间，存有遗产的人对遗产必须加以妥善保管。

63. 继承开始后继承人死亡的，遗产怎么处理？

《民法典》第1152条规定，继承开始后，继承人于遗产分割前死亡，并没有放弃继承的，该继承人应当继承的遗产转给其继承人，但是遗嘱另有安排的除外。

继承人在继承开始后实际接受遗产前死亡，该继承人有权继承的遗产转给其继承人继承，这就是转继承，转继承人是实际接受遗产的死亡继承人的继承人。具体而言，继承开始后，继承人没有表示放弃继承权，并于遗产分割前死亡，其继承的遗产转给他的合法继承人继承，但是遗嘱另有安排的除外。

64. 转继承需要符合哪些条件？

转继承应当满足如下条件：

（1）只有在被继承人死亡之后，遗产分割之前，继承人死亡，才发生转继承；

（2）继承人未实际取得遗产也未放弃继承权；

（3）转继承人一般只能继承死亡继承人应得的遗产份额；

（4）遗嘱对于转继承无另外安排。

在具备转继承的条件，适用转继承时，转继承人继承死亡继承人应继承的遗产。在法定继承中，转继承人应继承的为死亡继承人法定继承份额；在遗嘱继承中，转继承人应继承的为死亡继承人依合法遗嘱中确定的份额。

65. 遗产分割时对于夫妻共同财产和家庭共有财产应该注意什么？

《民法典》第1153条规定，夫妻共同所有的财产，除有约定的外，遗产分割时，应当先将共同所有的财产的一半分出为配偶所有，其余的为被继承人的遗产。遗产在家庭共有财产之中的，遗产分割时，应当先分出他人的财产。

遗产分割时夫妻共同财产的处理方式：对于夫妻共同所有的财

产,除有约定的外,应当先将共同所有的财产的一半分出为配偶所有,其余的由死者的继承人分割。如果夫妻一方订立遗嘱处分夫妻共同财产的,遗嘱中擅自处分配偶财产的部分应认定无效。对该遗嘱所涉及的共同财产,应分出一半归配偶所有,其余一半由遗嘱指定的继承人继承。

遗产分割时涉及家庭共有财产的处理方式:遗产在家庭共有财产中的,应当先将他人财产分出,剩余财产才是死者的遗产,由死者的继承人分割。

例如,林叔叔与谭阿姨均系再婚,婚后共同出资购买A处楼房一套,该楼房登记在林叔叔名下。后林叔叔去世,其与前妻所生儿子小林持林叔叔所留自书遗嘱将谭阿姨诉至法院,要求按照遗嘱单独继承A处楼房。诉讼中,谭阿姨发现,林叔叔在遗嘱中写明:其名下的A处房产全部归其与前妻所生的儿子小林。

在这则案例中,林叔叔处分了其与谭阿姨的共同财产房屋一套,因为房屋是在婚后由双方共同出资购买的,所以这楼房属于夫妻双方的共同财产,林叔叔未经谭阿姨的同意擅自处分夫妻共同财产的行为是部分无效的,也即其处分自己那部分的行为有效,处分其妻(谭阿姨)部分的财产行为是无效的。所以,小林只能根据林叔叔的遗嘱继承这楼房的一半份额。另外,处分了他人财产的遗嘱并非全部无效,只有处分他人财产部分的遗嘱无效。

66. 夫妻之间代立遗嘱处分对方财产是否有效?

夫妻之间代立遗嘱处分对方财产是无效的。

在实践中百姓常发生错误认识,认为夫妻是家庭生活中最亲密的关系,一方因某些原因无法亲自确立遗嘱时,互相之间可以代为立遗嘱,更何况遗嘱处分的是夫妻共同财产。但是,夫妻之间代立遗嘱的行为是不符合法理的,遗嘱是单方法律行为。所谓单方法律行为,是指基于当事人一方的意思表示就可以发生法律效力的民事法律行为。遗嘱是以立遗嘱人单方的意思表示即告成立并在立遗嘱人去世后生效的行为。民事行为可以被代理，但是意思表示本身却不能被代理。夫妻二人均具有民事行为能力，可以独立为意思表示，即使是夫妻共同财产，任何一方也无权代对方进行意思表示从而对该财产行使完全的处分权。

另外，有的当事人主张之所以会发生夫妻之间代立遗嘱的行为，是因为夫妻一方系无民事行为能力人或者限制民事行为能力人，另一方作为法定代理人有权代为处理其名下财产。这种说法其实是忽略了法定代理的本质——无民事行为能力人或者限制民事行为能力人因其在意思表示方面存在欠缺，无法通过自身积极的作为完成处分自己财产的行为，法定代理人作为其监护人，可以处分其财产，但只能出于保护被监护人利益的目的。不立遗嘱对无民事行为能力人或者限制民事行为能力人的财产并不会造成损害，其在世时可以享有该财产带来的收益，去世后该财产仍然可以按照法定继承的相关规定处理。如果由夫妻一方代无民事行为能力或者限制民事行为能力的另一方确立遗嘱处分其财产，此时被代立遗嘱的另一方尚且在世，若认为该遗嘱有效，显然不利于保护其利益。从这个角度来讲，夫妻之间代立遗嘱行为也应当被认定为无效。

遗嘱是非常严肃的法律行为，订立遗嘱一定要严格遵守法律规定，避免因错误观念或者形式瑕疵影响遗嘱的效力。

67. 有遗嘱的情况下还会发生法定继承吗？

可能会。《民法典》第 1154 条规定，有下列情形之一的，遗产中的有关部分按照法定继承办理：

（1）遗嘱继承人放弃继承或者受遗赠人放弃受遗赠；

（2）遗嘱继承人丧失继承权或者受遗赠人丧失受遗赠权；

(3)遗嘱继承人、受遗赠人先于遗嘱人死亡或者终止；

(4)遗嘱无效部分所涉及的遗产；

(5)遗嘱未处分的遗产。

有遗嘱的情况下，遗产中的有关部分按照法定继承的情形主要有以下五种：

(1)遗嘱继承人放弃继承或者受遗赠人放弃受遗赠。即虽然有遗嘱继承或遗赠情况发生，但由于权利人放弃权利，对于遗产适用法定继承。

(2)遗嘱继承人丧失继承权或者受遗赠人丧失受遗赠权。即遗嘱继承人或者受遗赠人由于种种原因，丧失了继承或受遗赠的权利，只能根据法定继承来分配遗产。

(3)遗嘱继承人、受遗赠人先于遗嘱继承人死亡或者终止。此时遗嘱继承和遗赠情形下的接受方主体灭失。

(4)遗嘱无效部分所涉及的遗产。此时遗嘱有效部分进行遗嘱继承而遗嘱无效部分涉及的遗产进行法定继承。

(5)遗嘱未予处分的遗产。

68. 遗产分割时需要为胎儿保留份额吗？

《民法典》第1155条规定，遗产分割时，应当保留胎儿的继承份额。胎儿娩出时是死体的，保留的份额按照法定继承办理。

根据上述规定，如果继承人中有尚未出生的胎儿，继承人在分割遗产时，应当为该胎儿保留一定的遗产份额，并且这部分遗产份额的保留是法律强制规定的，没有为胎儿保留遗产份额的，应从继承人所继承的遗产中扣回。需要注意的是，为胎儿保留遗产时，并不意味着该胎儿已继承了这份遗产，因为此时胎儿无权利能力，只有等到胎儿活着出生成为婴儿时，他才具有权利能力，真正取得遗产。通常为胎儿保留的遗产份额由胎儿的母亲代为保管或行使权利。如果胎儿出生时是死体，为该胎儿保留的遗产份额仍然作为被继承人的遗产，由被继承人的其他继承人按照法律规定继承。

69. 遗产如何分割呢？

《民法典》第 1156 条规定，遗产分割应当有利于生产和生活需要，不损害遗产的效用。不宜分割的遗产，可以采取折价、适当补偿或者共有等方法处理。

关于处理遗产的方法，如果遗嘱中已经指定了具体处理的方法，则应按遗嘱指定的方法处理；遗嘱中没有指定的，由继承人具体协商；继承人协商不成的，可以通过调解确定；调解不成的，则通过诉讼程序，由人民法院确定。

具体实践中，处理遗产的方法主要有以下四种：

（1）实物分割的方法。处理遗产在不损害遗产效用的情况下，可以采取实物分割的方式。适用实物分割的遗产，既可以是可分物也可以是不可分物。对可分物，可以作总体的实物分割，例如，对粮食可划分出每个继承人应继承的数量。但对不可分物，则不能作总体的分割，只能作个体的分割，如电视机、冰箱等。对不可分物不能作实物分割的，应当采取折价补偿的办法。

（2）折价方法。对不宜实物分割的遗产，可以将其变卖，换取价金，再由各继承人按照自己应得的遗产份额比例，对价金进行分配，各自取得与应得遗产份额相对应的价金。

（3）补偿方法。对不宜分割的遗产，如果继承人中有人愿意取得该遗产，则由该继承人取得该遗产的所有权，再由该继承人按照其他继承人应继承的比例，分别补偿给其他继承人相应的价金。

（4）保留共有的方法。遗产不宜实物分割，继承人又都愿意取得遗产，或继承人愿意继续保持遗产共有状况的，则可将其作为共同所有的财产，由各继承人按各自应得的遗产份额，确定对该项财产所应享有的权利与应分担的义务。

70. 夫妻一方死亡后另一方再婚时有权处分所继承的遗产吗?

有权。《民法典》第1157条规定,夫妻一方死亡后另一方再婚的,有权处分所继承的财产,任何组织或者个人不得干涉。

因为夫妻一方死亡后另一方对其继承的遗产享有的是所有权,其完全有权带着自己继承的遗产再婚并处分所继承的遗产。但夫妻一方死亡后另一方不得未经遗产分配就带着全部夫妻共同财产再婚,这样会损害其他遗产继承人的权益。

71. 我们所说的遗赠扶养协议是指什么?

《民法典》第1158条规定,自然人可以与继承人以外的组织或者个人签订遗赠扶养协议。按照协议,该组织或者个人承担该自然人生养死葬的义务,享有受遗赠的权利。

遗赠扶养协议,是指自然人与继承人以外的组织或者个人签订的有关遗赠与扶养的协议。按照协议,由扶养人对被扶养人承担生养死葬的义务,被扶养人去世之后,扶养人按照此协议取得被扶养人的遗产。遗赠抚养协议有以下两种:

一种是公民与公民签订的遗赠扶养协议。一般来说,这里的遗赠人是没有子女或子女不在身边、独立生活存在困难而需要他人照顾的老人,他享有受扶养人扶养的权利,负有死后将其遗产遗赠给扶养人的义务;这里的扶养人一般是遗赠人的亲属、街坊邻居或者其他亲朋好友等,扶养人负有扶养遗赠人、承担其生养死葬的义务,享有接受遗赠人遗赠财产的权利。这里须强调的是遗赠扶养协议中的扶养人不能是法定继承人,因为法定继承人与被继承人之间具有法定的互相扶养和互相继承的权利义务关系,无须以协议的形式来确定。

另一种是公民与组织签订的遗赠扶养协议。公民可以与组织签订遗赠扶养协议，按照协议，由组织承担该公民生养死葬的义务，享有受遗赠的权利。这里的遗赠人一般是缺乏劳动能力又缺乏生活来源的鳏寡孤独的“五保对象”，“五保对象”指农村中无劳动能力、无生活来源、无法定赡养扶养义务人或虽有法定赡养扶养义务人，但系无赡养扶养能力的老年人、残疾人和未成年人。所谓的“五保”主要包括：保吃、保穿、保医、保住、保葬（孤儿为保教）。

72. 如果被扶养人生前处分遗赠扶养协议中约定的财产，那应该怎么办？

遗赠扶养协议一经签订，双方必须认真遵守协议的各项规定。被扶养人对协议中指明的财产，在其生前可以占有、使用，但不能处分，如出卖、交换、赠与等。如果约定遗赠的财产因此而灭失，扶养人有权要求解除遗赠扶养协议，并要求被扶养人补偿已经支出的扶养费用。

73. 遗赠扶养协议签订后能否反悔？

由于遗赠扶养协议的执行期限一般较长，在此期间因为种种原因，双方当事人都有可能反悔，法律并未禁止当事人解除遗赠扶养协议，但当事人需要承担相应的法律后果。如因双方反悔而使协议解除，法律尊重其意愿；如因一方反悔而使协议解除时，便发生两种法律后果：（1）扶养人无正当理由不履行协议约定的义务，导致协议解除的，不能享受遗赠的权利，其已支付的扶养费用，一般也不予补偿。（2）被扶养人无正当理由不履行协议，致使协议解除的，应适当偿还扶养人已支付的扶养费用。

74. 遗赠扶养协议就是遗赠吗？

遗赠扶养协议与遗赠虽然名称类似，遗赠扶养协议的结果也是遗赠，但二者在法律上具有明显的区别：

(1)遗赠扶养协议是双方的法律行为,只有在遗赠方和扶养方双方自愿协商一致的基础上才能成立。任何一方都不能随意变更或解除。如果一方要变更或解除,必须取得另一方的同意。而遗赠是遗赠人单方的法律行为,不需要他人的同意即可发生法律效力。遗赠不仅可以单方面订立,还可以随时变更或者撤回。

(2)遗赠扶养协议是有偿的、相互附有条件的,它体现了权利义务相一致的原则。而遗赠是财产所有人生前以遗赠的方式将其财产遗赠给国家、集体或个人的行为,它不以受遗赠人为其尽扶养义务为条件。

(3)遗赠扶养协议从协议成立之日起开始发生法律效力。而遗赠是从遗赠人死亡之日起发生法律效力。

75. 分割遗产时应当先清偿被继承人依法应当缴纳的税款和债务吗?

一般情况下应当。《民法典》第 1159 条规定,分割遗产,应当清偿被继承人依法应当缴纳的税款和债务;但是,应当为缺乏劳动能力又没有生活来源的继承人保留必要的遗产。

原则上分割遗产时应当先清偿被继承人依法应当缴纳的税款和债务,但出于保护缺乏劳动能力又没有生活来源的继承人健康成长的需要,应当为其保留必要的遗产。

76. 无人继承又无人受遗赠的遗产应该如何处理?

《民法典》第 1160 条规定,无人继承又无人受遗赠的遗产,归国家所有,用于公益事业;死者生前是集体所有制组织成员的,归所在集体所有制组织所有。

所谓无人继承又无人受遗赠的遗产,是指下列三种情况:

(1)被继承人既无法定继承人,又无遗嘱指定的遗嘱继承人或者受遗赠人。

(2)被继承人虽然有法定继承人或遗嘱继承人,但是全体继承人都放弃继承,或者全体继承人都丧失了继承权,都没有资格继承被继承人的遗产。

(3)被继承人没有法定继承人,只用遗嘱处分了一部分遗产,其余未加处分的遗产也属于无人继承又无人受遗赠的遗产。

对于无人继承又无人受遗赠的遗产,归国家所有,用于公益事业。如果死者生前是集体所有制组织成员的,则其遗产归所在集体所有制组织所有。

77. 继承人继承遗产后需要无限承担被继承人依法应当缴纳的税款和债务吗?

不需要。《民法典》第 1161 条规定,继承人以所得遗产实际价值为限清偿被继承人依法应当缴纳的税款和债务。超过遗产实际价值部分,继承人自愿偿还的不在此限。继承人放弃继承的,对被继承人依法应当缴纳的税款和债务可以不负清偿责任。

被继承人应当缴纳的税款和债务主要包括以下六类:(1)被继承人依照我国税收法规应当缴纳的税款;(2)被继承人因合同之债欠下的债务;(3)被继承人因侵权行为而承担的损害赔偿的债务;(4)被继承人因不当得利而承担的返还不当得利的债务;(5)被继承人因无因管理而承担的补偿管理人必要费用的债务;(6)其他属于被继承人个人的债务,如合伙债务中被继承人应当承担的债务,被继承人承担的保证债务等。

如果被继承人遗留有税款和债务,则继承人应当先清偿被继承人的税款和债务,然后再分割遗产,缴纳税款和清偿债务以他继承遗产的实际价值为限。超过遗产实际价值部分,继承人自愿偿还的不在此限。

78. 执行遗赠时需要清偿被继承人的债务吗?

《民法典》第1162条规定,执行遗赠不得妨碍清偿遗赠人依法应当缴纳的税款和债务。在遗赠与清偿税款和债务的顺序上,清偿税款和债务优先于执行遗赠。也就是说,执行遗赠不得妨碍清偿遗赠人依法应当缴纳的税款和债务。只有在清偿税款和债务后,还有剩余遗产时,遗赠才能得到执行。如果遗产已不足以清偿税款和债务,遗赠就不能执行。

79. 当存在不同类型的继承人时如何清偿被继承人依法应当缴纳的税款和债务?

《民法典》第1163条规定,既有法定继承、遗嘱继承又有遗赠的,由法定继承人清偿被继承人依法应当缴纳的税款和债务;超过法定继承遗产实际价值部分,由遗嘱继承人和受遗赠人按比例以所得遗产清偿。

因此,如果继承人中既有法定继承人,又有遗嘱继承人和受遗赠人的,则应先由法定继承人用继承的遗产清偿税款和债务。若其所得遗产不足以清偿时,剩余的税款和债务由遗嘱继承人和受遗赠人,按比例用所得遗产偿还。

关联法规

1. 最高人民法院关于适用《中华人民共和国民法典》继承编的解释(一)

(2020 年 12 月 25 日最高人民法院审判委员会第 1825 次会议通过　自 2021 年 1 月 1 日起施行)

为正确审理继承纠纷案件,根据《中华人民共和国民法典》等相关法律规定,结合审判实践,制定本解释。

一、一般规定

第一条　继承从被继承人生理死亡或者被宣告死亡时开始。

宣告死亡的,根据民法典第四十八条规定确定的死亡日期,为继承开始的时间。

第二条　承包人死亡时尚未取得承包收益的,可以将死者生前对承包所投入的资金和所付出的劳动及其增值和孳息,由发包单位或者接续承包合同的人合理折价、补偿。其价额作为遗产。

第三条　被继承人生前与他人订有遗赠扶养协议,同时又立有遗嘱的,继承开始后,如果遗赠扶养协议与遗嘱没有抵触,遗产分别按协议和遗嘱处理;如果有抵触,按协议处理,与协议抵触的遗嘱全部或者部分无效。

第四条　遗嘱继承人依遗嘱取得遗产后,仍有权依照民法典第一千一百三十条的规定取得遗嘱未处分的遗产。

第五条　在遗产继承中,继承人之间因是否丧失继承权发生纠纷,向人民法院提起诉讼的,由人民法院依据民法典第一千一百二十五条的规定,判决确认其是否丧失继承权。

第六条　继承人是否符合民法典第一千一百二十五条第一款第三项规定的

“虐待被继承人情节严重”,可以从实施虐待行为的时间、手段、后果和社会影响等方面认定。

虐待被继承人情节严重的,不论是否追究刑事责任,均可确认其丧失继承权。

第七条 继承人故意杀害被继承人的,不论是既遂还是未遂,均应当确认其丧失继承权。

第八条 继承人有民法典第一千一百二十五条第一款第一项或者第二项所列之行为,而被继承人以遗嘱将遗产指定由该继承人继承的,可以确认遗嘱无效,并确认该继承人丧失继承权。

第九条 继承人伪造、篡改、隐匿或者销毁遗嘱,侵害了缺乏劳动能力又无生活来源的继承人的利益,并造成其生活困难的,应当认定为民法典第一千一百二十五条第一款第四项规定的“情节严重”。

二、法定继承

第十条 被收养人对养父母尽了赡养义务,同时又对生父母扶养较多的,除可以依照民法典第一千一百二十七条的规定继承养父母的遗产外,还可以依照民法典第一千一百三十一条的规定分得生父母适当的遗产。

第十一条 继子女继承了继父母遗产的,不影响其继承生父母的遗产。

继父母继承了继子女遗产的,不影响其继承生子女的遗产。

第十二条 养子女与生子女之间、养子女与养子女之间,系养兄弟姐妹,可以互为第二顺序继承人。

被收养人与其亲兄弟姐妹之间的权利义务关系,因收养关系的成立而消除,不能互为第二顺序继承人。

第十三条 继兄弟姐妹之间的继承权,因继兄弟姐妹之间的扶养关系而发生。没有扶养关系的,不能互为第二顺序继承人。

继兄弟姐妹之间相互继承了遗产的,不影响其继承亲兄弟姐妹的遗产。

第十四条 被继承人的孙子女、外孙子女、曾孙子女、外曾孙子女都可以代位继承,代位继承人不受辈数的限制。

第十五条 被继承人的养子女、已形成扶养关系的继子女的生子女可以代位继承;被继承人亲生子女的养子女可以代位继承;被继承人养子女的养子女可以代位继承;与被继承人已形成扶养关系的继子女的养子女也可以代位继承。

第十六条 代位继承人缺乏劳动能力又没有生活来源,或者对被继承人尽过主要赡养义务的,分配遗产时,可以多分。

第十七条 继承人丧失继承权的,其晚辈直系血亲不得代位继承。如该代位继承人缺乏劳动能力又没有生活来源,或者对被继承人尽赡养义务较多的,可以适当分给遗产。

第十八条 丧偶儿媳对公婆、丧偶女婿对岳父母,无论其是否再婚,依照民法典第一千一百二十九条规定作为第一顺序继承人时,不影响其子女代位继承。

第十九条 对被继承人生活提供了主要经济来源,或者在劳务等方面给予了主要扶助的,应当认定其尽了主要赡养义务或主要扶养义务。

第二十条 依照民法典第一千一百三十一条规定可以分给适当遗产的人,分给他们遗产时,按具体情况可以多于或者少于继承人。

第二十一条 依照民法典第一千一百三十一条规定可以分给适当遗产的人,在其依法取得被继承人遗产的权利受到侵犯时,本人有权以独立的诉讼主体资格向人民法院提起诉讼。

第二十二条 继承人有扶养能力和扶养条件,愿意尽扶养义务,但被继承人因有固定收入和劳动能力,明确表示不要求其扶养的,分配遗产时,一般不应因此而影响其继承份额。

第二十三条 有扶养能力和扶养条件的继承人虽然与被继承人共同生活,但对需要扶养的被继承人不尽扶养义务,分配遗产时,可以少分或者不分。

三、遗嘱继承和遗赠

第二十四条 继承人、受遗赠人的债权人、债务人,共同经营的合伙人,也应当视为与继承人、受遗赠人有利害关系,不能作为遗嘱的见证人。

第二十五条 遗嘱人未保留缺乏劳动能力又没有生活来源的继承人的遗产份额,遗产处理时,应当为该继承人留下必要的遗产,所剩余的部分,才可参照遗嘱确定的分配原则处理。

继承人是否缺乏劳动能力又没有生活来源,应当按遗嘱生效时该继承人的具体情况确定。

第二十六条 遗嘱人以遗嘱处分了国家、集体或者他人财产的,应当认定该部分遗嘱无效。

第二十七条 自然人在遗书中涉及死后个人财产处分的内容,确为死者的真实意思表示,有本人签名并注明了年、月、日,又无相反证据的,可以按自书遗嘱对待。

第二十八条 遗嘱人立遗嘱时必须具有完全民事行为能力。无民事行为能力人或者限制民事行为能力人所立的遗嘱，即使其本人后来具有完全民事行为能力，仍属无效遗嘱。遗嘱人立遗嘱时具有完全民事行为能力，后来成为无民事行为能力人或者限制民事行为能力人的，不影响遗嘱的效力。

第二十九条 附义务的遗嘱继承或者遗赠，如义务能够履行，而继承人、受遗赠人无正当理由不履行，经受益人或者其他继承人请求，人民法院可以取消其接受附义务部分遗产的权利，由提出请求的继承人或者受益人负责按遗嘱人的意愿履行义务，接受遗产。

四、遗产的处理

第三十条 人民法院在审理继承案件时，如果知道有继承人而无法通知的，分割遗产时，要保留其应继承的遗产，并确定该遗产的保管人或者保管单位。

第三十一条 应当为胎儿保留的遗产份额没有保留的，应从继承人所继承的遗产中扣回。

为胎儿保留的遗产份额，如胎儿出生后死亡的，由其继承人继承；如胎儿娩出时是死体的，由被继承人的继承人继承。

第三十二条 继承人因放弃继承权，致其不能履行法定义务的，放弃继承权的行为无效。

第三十三条 继承人放弃继承应当以书面形式向遗产管理人或者其他继承人表示。

第三十四条 在诉讼中，继承人向人民法院以口头方式表示放弃继承的，要制作笔录，由放弃继承的人签名。

第三十五条 继承人放弃继承的意思表示，应当在继承开始后、遗产分割前作出。遗产分割后表示放弃的不再是继承权，而是所有权。

第三十六条 遗产处理前或者在诉讼进行中，继承人对放弃继承反悔的，由人民法院根据其提出的具体理由，决定是否承认。遗产处理后，继承人对放弃继承反悔的，不予承认。

第三十七条 放弃继承的效力，追溯到继承开始的时间。

第三十八条 继承开始后，受遗赠人表示接受遗赠，并于遗产分割前死亡的，其接受遗赠的权利转移给他的继承人。

第三十九条 由国家或者集体组织供给生活费用的烈属和享受社会救济的

自然人,其遗产仍应准许合法继承人继承。

第四十条 继承人以外的组织或者个人与自然人签订遗赠扶养协议后,无正当理由不履行,导致协议解除的,不能享有受遗赠的权利,其支付的供养费用一般不予补偿;遗赠人无正当理由不履行,导致协议解除的,则应当偿还继承人以外的组织或者个人已支付的供养费用。

第四十一条 遗产因无人继承又无人受遗赠归国家或者集体所有制组织所有时,按照民法典第一千一百三十一条规定可以分给适当遗产的人提出取得遗产的诉讼请求,人民法院应当视情况适当分给遗产。

第四十二条 人民法院在分割遗产中的房屋、生产资料和特定职业所需要的财产时,应当依据有利于发挥其使用效益和继承人的实际需要,兼顾各继承人的利益进行处理。

第四十三条 人民法院对故意隐匿、侵吞或者争抢遗产的继承人,可以酌情减少其应继承的遗产。

第四十四条 继承诉讼开始后,如继承人、受遗赠人中有既不愿参加诉讼,又不表示放弃实体权利的,应当追加为共同原告;继承人已书面表示放弃继承、受遗赠人在知道受遗赠后六十日内表示放弃受遗赠或者到期没有表示的,不再列为当事人。

五、附　　则

第四十五条 本解释自2021年1月1日起施行。

2. 中华人民共和国涉外民事关系法律适用法(节选)

(2010年10月28日第十一届全国人民代表大会常务委员会第十七次会议通过　自2011年4月1日起施行)

第三章　婚姻家庭

第二十一条 结婚条件,适用当事人共同经常居所地法律;没有共同经常居所地的，适用共同国籍国法律；没有共同国籍，在一方当事人经常居所地或者国籍国缔结婚姻的，适用婚姻缔结地法律。

第二十二条 结婚手续，符合婚姻缔结地法律、一方当事人经常居所地法律或者国籍国法律的，均为有效。

第二十三条 夫妻人身关系，适用共同经常居所地法律；没有共同经常居所地的，适用共同国籍国法律。

第二十四条 夫妻财产关系，当事人可以协议选择适用一方当事人经常居所地法律、国籍国法律或者主要财产所在地法律。当事人没有选择的，适用共同经常居所地法律；没有共同经常居所地的，适用共同国籍国法律。

第二十五条 父母子女人身、财产关系，适用共同经常居所地法律；没有共同经常居所地的，适用一方当事人经常居所地法律或者国籍国法律中有利于保护弱者权益的法律。

第二十六条 协议离婚，当事人可以协议选择适用一方当事人经常居所地法律或者国籍国法律。当事人没有选择的，适用共同经常居所地法律；没有共同经常居所地的，适用共同国籍国法律；没有共同国籍的，适用办理离婚手续机构所在地法律。

第二十七条 诉讼离婚，适用法院地法律。

第二十八条 收养的条件和手续，适用收养人和被收养人经常居所地法律。收养的效力，适用收养时收养人经常居所地法律。收养关系的解除，适用收养时被收养人经常居所地法律或者法院地法律。

第二十九条 扶养，适用一方当事人经常居所地法律、国籍国法律或者主要财产所在地法律中有利于保护被扶养人权益的法律。

第三十条 监护，适用一方当事人经常居所地法律或者国籍国法律中有利于保护被监护人权益的法律。

第四章 继 承

第三十一条 法定继承，适用被继承人死亡时经常居所地法律，但不动产法定继承，适用不动产所在地法律。

第三十二条 遗嘱方式，符合遗嘱人立遗嘱时或者死亡时经常居所地法律、国籍国法律或者遗嘱行为地法律的，遗嘱均为成立。

第三十三条 遗嘱效力,适用遗嘱人立遗嘱时或者死亡时经常居所地法律或者国籍国法律。

第三十四条 遗产管理等事项,适用遗产所在地法律。

第三十五条 无人继承遗产的归属,适用被继承人死亡时遗产所在地法律。

第八章 附　　则

第五十一条 《中华人民共和国民法通则》第一百四十六条、第一百四十七条,《中华人民共和国继承法》第三十六条,与本法的规定不一致的,适用本法。

第五十二条 本法自2011年4月1日起施行。

3.办理继承公证的指导意见

(2009年10月22日中国公证协会第五届常务理事会第九次会议通过)

第一条 为了规范公证机构办理继承公证事项,根据《中华人民共和国民法通则》、《中华人民共和国继承法》、《中华人民共和国公证法》、《公证程序规则》和有关法律、法规、规章以及《中国公证协会专业委员会业务规则制定程序》的规定,制定本指导意见。

第二条 当事人可以就继承被继承人某项遗产向公证机构申请办理继承公证,也可以就继承被继承人数项遗产一并向公证机构申请办理继承公证。

二个以上当事人继承同一遗产的,应当共同向一个公证机构提出公证申请。

第三条 当事人申请办理继承公证,应当提交下列材料:

(一)当事人的身份证件;

(二)被继承人的死亡证明;

(三)全部法定继承人的基本情况及与被继承人的亲属关系证明;

(四)其他继承人已经死亡的,应当提交其死亡证明和其全部法定继承人的亲属关系证明;

（五）继承记名财产的，应当提交财产权属（权利）凭证原件；

（六）被继承人生前有遗嘱或者遗赠扶养协议的，应当提交其全部遗嘱或者遗赠扶养协议原件；

（七）被继承人生前与配偶有夫妻财产约定的，应当提交书面约定协议；

（八）继承人中有放弃继承的，应当提交其作出放弃继承表示的声明书；

（九）委托他人代理申办公证的，应当提交经公证的委托书；

（十）监护人代理申办公证的，应当提交监护资格证明。

本条所称“死亡证明”，是指医疗机构出具的死亡证明；公安机关出具的死亡证明或者注明了死亡日期的注销户口证明；人民法院宣告死亡的判决书；死亡公证书。

本条所称“亲属关系证明”，是指被继承人或者继承人档案所在单位的人事部门出具的证明继承人与被继承人之间具有亲属关系的证明；基层人民政府出具的证明继承人与被继承人之间具有亲属关系的证明；公安机关出具的证明继承人与被继承人之间具有亲属关系的证明；能够证明相关亲属关系的婚姻登记证明、收养登记证明、出生医学证明和公证书。

第四条 当事人有合理理由无法提交本指导意见第三条规定的死亡证明或者亲属关系证明的，应当提交二件以上足以证明相关死亡事实或者相关亲属关系的其他证明材料。

当事人有合理理由无法提交财产权属（权利）凭证原件的，应当提交财产权属（权利）凭证制发部门出具的其他证明材料。

第五条 公证机构办理继承公证，除需要按照《公证程序规则》规定的事项进行审查外，还应当重点审查下列事项：

（一）当事人的身份是否属实；

（二）当事人与被继承人的亲属关系是否属实；

（三）被继承人有无其他继承人；

（四）被继承人和已经死亡的继承人的死亡事实是否属实；

（五）被继承人生前有无遗嘱或者遗赠扶养协议；

（六）申请继承的遗产是否属于被继承人个人所有。

第六条 对当事人提交的符合本指导意见第三条规定的材料，公证机构除需要按照《公证程序规则》的规定进行审查外，还应当采用下列方式对亲属关系证

明、死亡证明和财产权属(权利)凭证原件进行重点核实:

(一)对亲属关系证明,应当向出具证明材料的单位核实;

(二)对死亡证明和财产权属(权利)凭证原件进行审查后有疑义的,应当向出具证明材料的单位核实。

第七条 对当事人提交的符合本指导意见第四条规定的其他证明材料,公证机构应当按照《公证程序规则》的规定,根据不同情况采用适当的方式进行审查。对证明相关死亡事实或者相关亲属关系的证明材料,公证机构应当向出具证明材料的单位或者个人核实。证明材料经核实,应当能够互相印证且能够共同证明被继承人或者其他继承人的死亡事实或者相关亲属关系。

第八条 公证机构办理继承公证,应当询问当事人并制作询问笔录。询问笔录除需要按照《公证程序规则》的规定应当载明的内容外,还应当载明下列内容:

(一)被继承人死亡的时间、地点、原因;

(二)被继承人生前工作单位、住址、婚姻状况;

(三)申请继承的遗产的来源、取得时间、权属及基本状况;

(四)被继承人全部法定继承人(包括尽了主要赡养义务的丧偶儿媳或者女婿)的姓名、性别、与被继承人的亲属关系、工作单位、住址。法定继承人已经死亡的,应当载明死亡的时间;

(五)在继承人以外有无依靠被继承人扶养的缺乏劳动能力又没有生活来源的人或者对被继承人扶养较多的人,有无需要为其保留遗产份额的胎儿;

(六)被继承人生前有无遗嘱或者遗赠扶养协议,有几份;

(七)继承人中有无表示放弃继承的。

第九条 公证机构办理继承公证,除需要按照《公证程序规则》的规定向当事人进行告知外,还应当重点告知下列内容:

(一)当事人隐瞒、遗漏继承人(包括有权分得适当遗产的其他人)的,或者隐瞒、遗漏被继承人遗嘱(遗赠扶养协议)的,应当承担相应的法律责任;

(二)继承遗产的,应当在继承遗产实际价值内清偿被继承人依法应当缴纳的税款和债务;

(三)遗嘱(遗赠扶养协议)附有义务的,继承人(受遗赠人)应当履行义务。

第十条 当事人申请办理继承金额(数量)不明的银行卡(证券资金账户)

内钱款（证券）公证的，公证机构应当告知其先申请办理用途为查询卡（户）内金额（数量）的亲属关系公证，待金额（数量）确定后，公证机构可以为其办理继承公证。

当事人申请办理继承存放在银行保管箱内物品公证的，公证机构应当告知其先申请办理用途为查询保管箱内物品的亲属关系公证和开启保管箱清点物品的保全证据公证，待保管箱内属于被继承人所有的物品的种类和数量确定后，公证机构可以为其办理继承公证。

第十一条 当事人依照《中华人民共和国保险法》第四十二条的规定申请办理继承被继承人死亡保险金公证的，公证机构应当依照《中华人民共和国继承法》及本指导意见的有关规定为其办理继承公证。

第十二条 当事人申请办理继承有限责任公司股权公证的，公证机构应当告知其《中华人民共和国公司法》第七十六条的规定。

当事人申请办理继承有限责任公司股东资格公证的，应当提交公司章程和其现任职证明。公证机构应当审查公司章程对当事人继承股东资格有无限制性规定以及审查当事人所从事的职业是否限制其继承股东资格。根据公司章程和有关法律规定，当事人不能继承股东资格的，公证机构为其办理继承股权公证。

第十三条 当事人依照《中华人民共和国合伙企业法》第五十条和第八十条的规定申请办理继承合伙人财产份额或者合伙人资格公证的，公证机构参照本指导意见第十二条的规定办理。

第十四条 公证机构办理遗嘱继承公证，应当按照下列方式审查确认遗嘱的效力：

（一）遗嘱为公证遗嘱的，公证机构应当对遗嘱内容是否符合法律规定进行审查，并向全体法定继承人核实，核实的内容包括询问被继承人有无其他遗嘱或者遗赠扶养协议，法定继承人中有无缺乏劳动能力又没有生活来源的人。

法定继承人对公证机构的核实没有回复的，或者无法与法定继承人取得联系的，公证机构在对遗嘱进行审查后，可以确认遗嘱的效力。

（二）遗嘱为公证遗嘱以外的其他符合法定形式的遗嘱的，公证机构应当取得全体法定继承人对遗嘱内容无异议的书面确认，并经审查认为遗嘱的内容符合法律规定，可以确认遗嘱的效力。

（三）遗嘱为在境外所立的遗嘱的，公证机构应当根据法律、法规及司法部的有关规定确认遗嘱的效力。

第十五条 除《公证法》和《公证程序规则》规定的不予办理公证的情形外，有下列情形之一的，公证机构不予办理遗嘱继承公证：

（一）根据法律规定遗嘱继承人丧失继承权的；

（二）遗嘱经审查无效或者效力无法确认的；

（三）遗嘱处分的财产不属于被继承人个人所有或者被继承人生前已经处分了遗嘱所涉及的财产的；

（四）继承同一遗产，遗嘱继承人中有人未提出公证申请且又未作出放弃继承表示的；

（五）利害关系人与遗嘱继承人就遗嘱内容是否符合《中华人民共和国继承法》第十九条的规定有争议的；

（六）利害关系人有充分证据证明遗嘱继承人没有履行遗嘱所附义务的。

第十六条 除《公证法》和《公证程序规则》规定的不予办理公证的情形外，有下列情形之一的，公证机构不予办理法定继承公证：

（一）根据法律规定法定继承人丧失继承权的；

（二）被继承人生前所立遗嘱或者签订的遗赠扶养协议已经处分了法定继承人申请继承的遗产的；

（三）法定继承人中有人未提出公证申请且又未作出放弃继承表示的；

（四）法定继承人不能协助公证机构完成核实或者有关单位及个人拒绝协助公证机构进行核实的；

（五）法定继承人之间对法定继承人的范围、遗产的权属或者是否有适用《中华人民共和国继承法》第十二条、第十四条规定的人有争议的。

第十七条 继承人表示放弃继承的声明书应当亲自在公证员面前作出。继承人不能亲自到受理继承公证申请的公证机构作出放弃继承表示的，其表示放弃继承的声明书应当经过公证。

继承人表示放弃继承的，公证机构仅需审查继承人个人的意思表示。

第十八条 受遗赠人申请办理接受遗赠公证的，公证机构参照本指导意见有关办理遗嘱继承公证的规定办理。

第十九条 本指导意见由中国公证协会常务理事会负责解释。

4. 最高人民法院关于在台湾的合法继承人其继承权应否受到保护问题的批复

（1984年7月30日最高人民法院〔1984〕民他字第8号公布）

北京市高级人民法院：

你院1984年4月24日关于袁惠等4人诉袁行健继承一案的请示收悉。我们的意见：

一、袁行濂及袁行广的5个子女均属合法继承人，他们虽然均在台湾，其合法继承权仍应受到保护。根据党和国家的对台政策，从祖国统一大业的需要出发，在审理上应予以方便。

二、袁行濂既与原、被告均有信件来往，并明确提出继承房产的意见，法院可以通过原、被告代为传递诉讼文书。对袁行广的5个子女如能通过袁行濂得知他们下落，亦应照此办理。

三、袁行广的5个子女，如经努力查询，仍然联系不上，可以保留他们的应继承份额，请房管部门代管。

四、本案按请示所述情况，不宜中止审理，亦不宜动员原告撤诉。

此复

5. 最高人民法院关于对分家析产的房屋再立遗嘱变更产权，其遗嘱是否有效的批复

（1985年11月28日最高人民法院〔1985〕民他字第12号公布）

四川省高级人民法院：

你院(85)川法民字第3号《关于处理张家定、张家铭、张家慧诉张士国房屋产权纠纷一案的请示》收悉。关于建国前已经析产确权，能否再予重新分割或立遗嘱继承等问题，经研究答复如下：张家定之祖父张文卿(张士国之父)于1948年将其家中自有房宅，除自己居住的一处外，其余四处均分给四个儿子。建国后由人民政府颁发了产权证。1953年张文卿召开有镇政府干部参加的家庭会议，经协商，重新调整各自分得的房产，以清偿分家前的债务，立了经镇政府认可的"房屋分管字据"，均无异议。1955年张文卿夫妇将调整给二儿媳的房产，又立遗嘱由四子张士国"继承"。1966年巫溪县人民法院按"遗嘱"作了调解。二儿媳的女儿张家定等人不服，提起申诉。据上，我们认为，对张家在1948年析产后，经财产所有人共同协商，于1953年分家时达成的各自管业且已执行多年的房产协议，应予以维护。张文卿夫妇于1955年所立"遗嘱"无效。

此复

6. 最高人民法院关于未成年的养子女，其养父在国外死亡后回生母处生活，仍有权继承其养父的遗产的批复

（1986年5月19日最高人民法院〔1986〕民他字第22号公布）

福建省高级人民法院：

你院1985年12月10日《关于泉州市戴玉芳与戴文良析产、继承上诉案中黄钦辉有无继承权的请示报告》收悉。

据报告称，戴文化、戴文良兄弟二人于1929年至1931年先后从菲律宾回国在泉州市新街四十一号建楼房一座，由其父母戴淑和、林英蕊等人居住。1942年戴母林英蕊收黄钦辉为戴文化的养子。黄钦辉与祖母林英蕊共同生活，由其养父戴文化从国外寄给生活费和教育费，直至1955年戴文化在国外去世。当时黄钦辉尚未成年，后因生活无来源于1957年回到生母处。1980年黄钦辉向法院提起诉讼，要求继承其养父戴文化新街四十一号楼房遗产。

经我们研究认为：黄钦辉于1942年被戴文化之母林英蕊收养为戴文化的养子，直至1955年戴文化去世，在长达十三年的时间里，其生活费和教育费一直由戴文化供给。这一收养关系戴文化生前及其亲属、当地基层组织和群众都承认，应依法予以保护。

关于黄钦辉是否自动解除收养关系或放弃继承权的问题，黄钦辉因养父戴文化1955年在国外去世。当时本人尚未成年，在无人供给生活费，又无其他经济来源的情况下，不得不于1957年回到生母处生活，对此不能认为黄钦辉自动解除了收养关系。黄钦辉在继承开始和遗产处理前，没有明确表示放弃继承，应当依法准许其继承戴文化的遗产。

7. 最高人民法院关于财产共有人立遗嘱处分自己的财产部分有效处分他人的财产部分无效的批复

（1986年6月20日最高人民法院〔1986〕民他字第24号公布）

广东省高级人民法院：

你院（86）粤法民字第16号请示报告收悉。关于刘坚诉冯仲勤房屋继承一案，经研究，我们基本同意你院审判委员会讨论的第一种意见。双方讼争的房屋，原系冯奇生及女儿冯湛清、女婿刘卓三人所共有。冯奇生于1949年病故前，经女儿冯湛清同意，用遗嘱处分属于自己和冯湛清的财产是有效的。但是，在未取得产权共有人刘卓的同意下，遗嘱也处分了刘卓的那一份财产，因此，该遗嘱所涉及刘卓财产部分则是无效的。在刘卓的权利受到侵害期间，讼争房屋进行了社会主义改造，致使刘卓无法主张权利。现讼争房屋发还，属于刘卓的那份房产应归其法定继承人刘坚等依法继承。

8. 中华人民共和国公证法(节选)

(2005年8月28日第十届全国人民代表大会常务委员会第十七次会议通过　根据2015年4月24日第十二届全国人民代表大会常务委员会第十四次会议《关于修改〈中华人民共和国义务教育法〉等五部法律的决定》第一次修正　根据2017年9月1日第十二届全国人民代表大会常务委员会第二十九次会议《关于修改〈中华人民共和国法官法〉等八部法律的决定》第二次修正)

第十一条　根据自然人、法人或者其他组织的申请,公证机构办理下列公证事项:

(一)合同;

(二)继承;

(三)委托、声明、赠与、遗嘱;

(四)财产分割;

(五)招标投标、拍卖;

(六)婚姻状况、亲属关系、收养关系;

(七)出生、生存、死亡、身份、经历、学历、学位、职务、职称、有无违法犯罪记录;

(八)公司章程;

(九)保全证据;

(十)文书上的签名、印鉴、日期,文书的副本、影印本与原本相符;

(十一)自然人、法人或者其他组织自愿申请办理的其他公证事项。

法律、行政法规规定应当公证的事项,有关自然人、法人或者其他组织应当向公证机构申请办理公证。

第十二条　根据自然人、法人或者其他组织的申请,公证机构可以办理下列事务：

（一）法律、行政法规规定由公证机构登记的事务；

（二）提存；

（三）保管遗嘱、遗产或者其他与公证事项有关的财产、物品、文书；

（四）代写与公证事项有关的法律事务文书；

（五）提供公证法律咨询。

第十三条 公证机构不得有下列行为：

（一）为不真实、不合法的事项出具公证书；

（二）毁损、篡改公证文书或者公证档案；

（三）以诋毁其他公证机构、公证员或者支付回扣、佣金等不正当手段争揽公证业务；

（四）泄露在执业活动中知悉的国家秘密、商业秘密或者个人隐私；

（五）违反规定的收费标准收取公证费；

（六）法律、法规、国务院司法行政部门规定禁止的其他行为。

第二十五条 自然人、法人或者其他组织申请办理公证，可以向住所地、经常居住地、行为地或者事实发生地的公证机构提出。

申请办理涉及不动产的公证，应当向不动产所在地的公证机构提出；申请办理涉及不动产的委托、声明、赠与、遗嘱的公证，可以适用前款规定。

第二十六条 自然人、法人或者其他组织可以委托他人办理公证，但遗嘱、生存、收养关系等应当由本人办理公证的除外。

第二十七条 申请办理公证的当事人应当向公证机构如实说明申请公证事项的有关情况，提供真实、合法、充分的证明材料；提供的证明材料不充分的，公证机构可以要求补充。

公证机构受理公证申请后，应当告知当事人申请公证事项的法律意义和可能产生的法律后果，并将告知内容记录存档。

第二十八条 公证机构办理公证，应当根据不同公证事项的办证规则，分别审查下列事项：

（一）当事人的身份、申请办理该项公证的资格以及相应的权利；

（二）提供的文书内容是否完备，含义是否清晰，签名、印鉴是否齐全；

（三）提供的证明材料是否真实、合法、充分；

（四）申请公证的事项是否真实、合法。

第二十九条 公证机构对申请公证的事项以及当事人提供的证明材料，按照有关办证规则需要核实或者对其有疑义的，应当进行核实，或者委托异地公证机构代为核实，有关单位或者个人应当依法予以协助。

第三十条 公证机构经审查，认为申请提供的证明材料真实、合法、充分，申请公证的事项真实、合法的，应当自受理公证申请之日起十五个工作日内向当事人出具公证书。但是，因不可抗力、补充证明材料或者需要核实有关情况的，所需时间不计算在期限内。

第三十一条 有下列情形之一的，公证机构不予办理公证：

（一）无民事行为能力人或者限制民事行为能力人没有监护人代理申请办理公证的；

（二）当事人与申请公证的事项没有利害关系的；

（三）申请公证的事项属专业技术鉴定、评估事项的；

（四）当事人之间对申请公证的事项有争议的；

（五）当事人虚构、隐瞒事实，或者提供虚假证明材料的；

（六）当事人提供的证明材料不充分或者拒绝补充证明材料的；

（七）申请公证的事项不真实、不合法的；

（八）申请公证的事项违背社会公德的；

（九）当事人拒绝按照规定支付公证费的。

第三十二条 公证书应当按照国务院司法行政部门规定的格式制作，由公证员签名或者加盖签名章并加盖公证机构印章。公证书自出具之日起生效。

公证书应当使用全国通用的文字；在民族自治地方，根据当事人的要求，可以制作当地通用的民族文字文本。

第三十三条 公证书需要在国外使用，使用国要求先认证的，应当经中华人民共和国外交部或者外交部授权的机构和有关国家驻中华人民共和国使（领）馆认证。

第三十四条 当事人应当按照规定支付公证费。

对符合法律援助条件的当事人，公证机构应当按照规定减免公证费。

第三十五条 公证机构应当将公证文书分类立卷，归档保存。法律、行政法规规定应当公证的事项等重要的公证档案在公证机构保存期满，应当按照规定移交地方档案馆保管。

第三十六条 经公证的民事法律行为、有法律意义的事实和文书，应当作为认定事实的根据，但有相反证据足以推翻该项公证的除外。

第三十七条 对经公证的以给付为内容并载明债务人愿意接受强制执行承诺的债权文书，债务人不履行或者履行不适当的，债权人可以依法向有管辖权的人民法院申请执行。

前款规定的债权文书确有错误的，人民法院裁定不予执行，并将裁定书送达双方当事人和公证机构。

第三十八条 法律、行政法规规定未经公证的事项不具有法律效力的，依照其规定。

第三十九条 当事人、公证事项的利害关系人认为公证书有错误的，可以向出具该公证书的公证机构提出复查。公证书的内容违法或者与事实不符的，公证机构应当撤销该公证书并予以公告，该公证书自始无效；公证书有其他错误的，公证机构应当予以更正。

第四十条 当事人、公证事项的利害关系人对公证书的内容有争议的，可以就该争议向人民法院提起民事诉讼。

9. 国家税务总局关于加强房地产交易个人无偿赠与不动产税收管理有关问题的通知

（2006年9月14日　国税发〔2006〕144号）

各省、自治区、直辖市和计划单列市地方税务局，西藏自治区国家税务局：

为加强房地产交易中个人无偿赠与不动产行为的税收管理，现将有关问题通知如下：

一、关于加强个人无偿赠与不动产税收管理问题

（一）关于加强个人无偿赠与不动产营业税税收管理问题*

1. 个人向他人无偿赠与不动产，包括继承、遗产处分及其他无偿赠与不动产等三种情况，在办理营业税免税申请手续时，纳税人应区分不同情况向税务机关提交相关证明材料：

（1）属于继承不动产的，继承人应当提交公证机关出具的“继承权公证书”、房产所有权证和《个人无偿赠与不动产登记表》（见附件）；

（2）属于遗嘱人处分不动产的，遗嘱继承人或者受遗赠人须提交公证机关出具的“遗嘱公证书”和“遗嘱继承权公证书”或“接受遗赠公证书”、房产所有权证以及《个人无偿赠与不动产登记表》；

（3）属于其他情况无偿赠与不动产的，受赠人应当提交房产所有人“赠与公证书”和受赠人“接受赠与公证书”，或持双方共同办理的“赠与合同公证书”，**以及房产所有权证和《个人无偿赠与不动产登记表》。

上述证明材料必须提交原件。

税务机关应当认真审核上述材料，资料齐全并且填写正确规范的，在提交的《个人无偿赠与不动产登记表》上签字盖章后退提交人，将有关公证证书复印件留存，同时办理营业税免税手续。

2. 对个人无偿赠与不动产的，税务机关不得向其发售发票或者代为开具发票。

（二）关于个人无偿赠与不动产契税、印花税税收管理问题

对于个人无偿赠与不动产行为，应对受赠人全额征收契税，在缴纳契税和印花税时，纳税人须提交经税务机关审核并签字盖章的《个人无偿赠与不动产登记表》，税务机关（或其他征收机关）应在纳税人的契税和印花税完税凭证上加盖“个人无偿赠与”印章，在《个人无偿赠与不动产登记表》中签字并将该表格留存。税务机关应积极与房管部门沟通协调，争取房管部门对持有加盖“个人无偿赠与”印

---

* 本款规定已被《国家税务总局关于进一步简化和规范个人无偿赠与或受赠不动产免征营业税、个人所得税所需证明资料的公告》（国家税务总局公告 2015 年第 75 号）废止。

** 本条已被《国家税务总局关于简化个人无偿赠与不动产土地使用免征营业税手续的公告》（国家税务总局公告 2015 年第 50 号）废止。

章契税完税凭证的个人,办理赠与产权转移登记手续,对未持有加盖"个人无偿赠与"印章契税完税凭证的个人,不予办理赠与产权转移登记手续。

二、关于加强个人将受赠不动产对外销售税收管理问题

(一)关于加强个人将受赠不动产对外销售营业税税收管理问题

个人将通过无偿受赠方式取得的住房对外销售征收营业税时,对通过继承、遗嘱、离婚、赡养关系、直系亲属赠与方式取得的住房,该住房的购房时间按照《国家税务总局关于房地产税收政策执行中几个具体问题的通知》(国税发〔2005〕172号)中第四条有关购房时间的规定执行;对通过其他无偿受赠方式取得的住房,该住房的购房时间按照发生受赠行为后新的房屋产权证或契税完税证明上注明的时间确定,不再执行国税发(〔2005〕172号)中第四条有关购房时间的规定。

(二)关于加强个人将受赠不动产对外销售个人所得税税收管理问题

受赠人取得赠与人无偿赠与的不动产后,再次转让该项不动产的,在缴纳个人所得税时,以财产转让收入减除受赠、转让住房过程中缴纳的税金及有关合理费用后的余额为应纳税所得额,按20%的适用税率计算缴纳个人所得税。*

在计征个人受赠不动产个人所得税时,不得核定征收,必须严格按照税法规定据实征收。

三、关于加强对个人无偿赠与不动产后续管理的问题

(一)税务机关应对无偿赠与不动产的纳税人分户归档管理,定期将留存的公证证书复印件有关信息与公证机关核对,保证公证证书的真实、合法性。

(二)税务机关应加强与房管部门的合作,定期将《个人无偿赠与不动产登记表》中的有关信息与房管部门的赠与房产所有权转移登记信息进行核对,强化对个人无偿赠与不动产的后续管理。

(三)税务机关应加强对个人无偿赠与不动产的营业税纳税评估,将本期无偿赠与不动产的有关数据与历史数据(如上年同期)进行比较,出现异常情况的,要做进一步检查和核对,对确有问题的赠与行为,应按有关规定进行处理。

(四)对个人赠与不动产过程中,向受赠人收取了货物、货币或其他经济利益,但提供虚假资料,申请办理无偿赠与的相关手续,没有按规定缴纳营业税的纳税

---

* 本条已被《国家税务总局关于公布全文失效废止部分条款失效废止的税收规范性文件目录的公告》(国家税务总局公告2011年第2号)废止。

人，由税务机关按照《中华人民共和国税收征收管理法》的有关规定追缴税款、滞纳金并进行相关处罚。

（五）税务机关应向房屋中介机构做好税法宣传工作，使其协助做好无偿赠与不动产的税收管理工作。

附件：个人无偿赠与不动产登记表

附件：

个人无偿赠与不动产登记表

<table>
<tr><td colspan="6">以下由赠与人（或代理人）填写赠与人情况</td></tr>
<tr><td colspan="2">姓名</td><td></td><td colspan="2">身份证号码</td><td></td></tr>
<tr><td colspan="2">住址</td><td></td><td colspan="2">联系电话</td><td></td></tr>
<tr><td colspan="2">赠与不动产地址</td><td></td><td colspan="2">面积（m^2）</td><td></td></tr>
<tr><td colspan="6">以下由受赠人填写受赠人情况</td></tr>
<tr><td colspan="2">姓名</td><td></td><td colspan="2">身份证号码</td><td></td></tr>
<tr><td colspan="2">住址</td><td></td><td colspan="2">联系电话</td><td></td></tr>
<tr><td colspan="2">与赠与人关系</td><td colspan="4"></td></tr>
<tr><td>赠与人声明</td><td colspan="2">我将所拥有的不动产无偿赠与　　，不收取任何货币、实物或经济利益，该无偿赠与行为是真实、合法的。
赠与人（代理人）：
年　月　日</td><td>受赠人声明</td><td colspan="2">我无偿接受了　　所拥有的不动产，没有支付任何货币、实物或经济利益，该无偿受赠行为是真实、合法的。
受赠人：
年　月　日</td></tr>
<tr><td colspan="6">以下由税务机关（或征收机关）填写</td></tr>
<tr><td colspan="2">无偿赠与资料审核</td><td colspan="2">契税征收机关</td><td colspan="2">印花税征收机关</td></tr>
<tr><td colspan="2">该资料齐全、填写规范。符合无偿赠与规定。
审核人：
年　月　日</td><td colspan="2">已在完税凭证上加盖“个人无偿赠与”印章
办理人：
年　月　日</td><td colspan="2">已在完税凭证上加盖“个人无偿赠与”印章
办理人：
年　月　日</td></tr>
<tr><td colspan="2">其他说明事项</td><td colspan="4">办理人：
年　月　日</td></tr>
</table>

注：如赠与人死亡，由代理人代为填写此表并签字。

10. 关于简化个人无偿赠与不动产土地使用权免征营业税手续的公告

（2015 年 6 月 29 日国家税务总局 2015 年第 50 号公告）

为切实减轻纳税人负担，现将简化个人无偿赠与不动产、土地使用权免征营业税手续的有关事项公告如下：

个人以离婚财产分割、赠与特定亲属、赠与抚养人或赡养人方式无偿赠与不动产、土地使用权，符合《财政部　国家税务总局关于个人金融商品买卖等营业税若干免税政策的通知》（财税〔2009〕111 号）第二条免征营业税规定的，在办理营业税免税手续时，无需提供房产所有人“赠与公证书”、受赠人“接受赠与公证书”，或双方“赠与合同公证书”。

本公告自 2015 年 7 月 1 日起实施。此前尚未进行税务处理的，按照本公告规定执行。《国家税务总局关于加强房地产交易个人无偿赠与不动产税收管理有关问题的通知》（国税发〔2006〕144 号）第一条中“属于其他情况无偿赠与不动产的，受赠人应当提交房产所有人‘赠与公证书’和受赠人‘接受赠与公证书’，或持双方共同办理的‘赠与合同公证书’”同时废止。

特此公告。

11.国家税务总局关于进一步简化和规范个人无偿赠与或受赠不动产免征营业税、个人所得税所需证明资料的公告

（2015年11月10日国家税务总局2015年第75号公告）

为落实国务院关于简政放权、方便群众办事的有关要求，进一步减轻纳税人负担，现就简化和规范个人无偿赠与或受赠不动产免征营业税、个人所得税所需的证明资料公告如下：

一、纳税人在办理个人无偿赠与或受赠不动产免征营业税、个人所得税手续时，应报送《个人无偿赠与不动产登记表》、双方当事人的身份证明原件及复印件（继承或接受遗赠的，只须提供继承人或接受遗赠人的身份证明原件及复印件）、房屋所有权证原件及复印件。属于以下四类情形之一的，还应分别提交相应证明资料：

（一）离婚分割财产的，应当提交：

1.离婚协议或者人民法院判决书或者人民法院调解书的原件及复印件；

2.离婚证原件及复印件。

（二）亲属之间无偿赠与的，应当提交：

1.无偿赠与配偶的，提交结婚证原件及复印件；

2.无偿赠与父母、子女、祖父母、外祖父母、孙子女、外孙子女、兄弟姐妹的，提交户口簿或者出生证明或者人民法院判决书或者人民法院调解书或者其他部门（有资质的机构）出具的能够证明双方亲属关系的证明资料原件及复印件。

（三）无偿赠与非亲属抚养或赡养关系人的，应当提交：

人民法院判决书或者人民法院调解书或者乡镇政府或街道办事处出具的抚养（赡养）关系证明或者其他部门（有资质的机构）出具的能够证明双方抚养（赡

养）关系的证明资料原件及复印件。

（四）继承或接受遗赠的，应当提交：

1. 房屋产权所有人死亡证明原件及复印件；

2. 经公证的能够证明有权继承或接受遗赠的证明资料原件及复印件。

二、税务机关应当认真核对上述资料，资料齐全并且填写正确的，在《个人无偿赠与不动产登记表》上签字盖章，留存《个人无偿赠与不动产登记表》复印件和有关证明资料复印件，原件退还纳税人，同时办理免税手续。

三、各地税务机关要不折不扣地落实税收优惠政策，维护纳税人的合法权益。要通过办税服务厅、税务网站、12366纳税服务热线、纳税人学堂等多种渠道，积极宣传税收优惠政策规定和办理程序，及时回应、准确答复纳税人咨询，做好培训辅导工作，避免纳税人多头找、多头跑，切实方便纳税人办理涉税事宜。有条件的地区可探索通过政府部门间信息交换共享，查询证明信息，减少纳税人报送资料。

四、本公告自公布之日起施行。《国家税务总局关于加强房地产交易个人无偿赠与不动产税收管理有关问题的通知》（国税发〔2006〕144号）第一条第一款“关于加强个人无偿赠与不动产营业税税收管理问题”的规定同时废止。

特此公告。

12. 司法部律师公证工作指导司关于印发继承类、强制执行类要素式公证书和法律意见书格式的通知（节选）

（2008年12月30日 〔2008〕司律公字019号）

各省、自治区、直辖市司法厅（局）公证管理处，新疆生产建设兵团司法局公证管理处：

根据《司法部关于推行继承类、强制执行类要素式公证书和法律意见书格式的通知》(司发通〔2008〕177号)的要求，现将继承类、强制执行类要素式公证书和法律意见书格式印发你们，请认真组织实施。

附件：1. 继承类要素式公证书通用格式(附参考格式)

2. 强制执行类通用格式(附参考格式)(略)

3. 法律意见书通用格式(附参考格式)(略)

附件一

继承类要素式公证书通用格式

公 证 书

( )××字第××号

申请人：基本情况[注1]

委托/法定代理人：基本情况[注2]

被继承人：基本情况[注3]

公证事项：继承权

证词内容

一、必备要素

(一)继承人姓名、申请日期、申请事项。

(二)当事人提供的证明材料[注4]。

(三)公证机构向当事人告知了继承权公证的法律意义和可能产生的法律后果。

(四)公证机构查明(审查核实)的事实，包括：

1. 被继承人的死亡时间、地点。

2. 继承人申请继承被继承人的遗产的情况[注5]。

3. 经向所有继承人核实，被继承人生前是否立有遗嘱、遗赠扶养协议[注6]。

4. 被继承人的全体继承人，有无死亡的继承人；继承人与被继承人的亲属关系[注7]；代位继承情况及其他继承人[注8]。

5. 继承人中有无丧失继承权的情况[注9]。

6. 有无放弃继承权的情况[注10]。

（五）公证结论

1. 法律事实、理由［注 11］。

2. 被继承人遗留的个人财产为合法财产。

3. 被继承人的合法继承人［注 12］。

4. 被继承人的遗产由何人继承、如何继承［注 13］。

二、选择要素

（一）被继承人的死亡原因［注 14］。

（二）继承人提供的主要证据材料的真实性、合法性。

（三）适用遗嘱继承的，当事人是否了解遗嘱的内容。公证机构经向所有继承人核实，用于遗嘱继承的遗嘱为被继承人所立的最后一份有效遗嘱［注 15］。

（四）对遗嘱见证人、执行人、遗产的使用人、保管人等事项的说明。

（五）根据遗嘱信托办理继承权公证的，应当根据遗嘱的内容，列明受托人应当承担的义务。

（六）根据《公司法》、《保险法》、《合伙企业法》、《个人独资企业法》等有关继承的特别法的规定办理继承权公证的，写明特别法的具体适用。

（七）被继承人生前未缴纳的税款和债务情况，继承人对此所作的意思表示。

（八）公证员认为需要告知的有关继承的其他法律规定。

（九）公证员认为需要说明的其他事实或情节。

中华人民共和国× × 省× ×市× ×公证处

公证员（签名章或签名）

××××年××月××日

注：

1. 申请人是指向公证机构提出继承权公证申请的人，包括继承人和继承人的委托代理人、法定代理人。没有向公证机构提出申请的继承人，不列为申请人。基本情况包括：姓名、性别、出生日期、身份证件名称和号码、住址，外国人应写明国籍。

2. 委托/法定代理人指根据授权委托书或法律规定，代理继承人申请办理公证的人。

委托代理人需提交经公证的授权委托书；法定代理人需提交有代理权资格的证明。

3. 被继承人基本情况包括：姓名、性别、出生日期、生前住址。

4. 当事人提供的证明材料应详细列明。

5. 公证机构只对继承人申请继承的被继承人的遗产的情况进行核实，核实的内容包括：个人合法财产及财产权利的种类、数量，是否与他人共有或者是夫妻共同财产，是否有典当、抵押、出质或其他权利受限制情况，现存放何处，由何人保管。

被继承人的遗产应详细列明，财产种类、数量较多的可制作成财产清单作为公证书附件。

6. 公证机构必须向所有法定继承人进行核实，确认被继承人生前是否立有遗嘱或与他人订立遗赠扶养协议。有遗嘱的，按照遗嘱继承或者遗赠办理；有遗赠扶养协议的，按照协议办理。有遗嘱、遗赠扶养协议的必须审查其真实性、合法性，并应注意遗嘱、遗赠扶养协议是否包括被继承人全部的遗产。

7. 首先核实被继承人第一顺序继承人，注明其身份，没有第一顺序继承人的应予以说明，其次再核实第二顺序继承人的身份。特别应注意《继承法》第十条、第十二条有关子女、父母、兄弟姐妹、丧偶儿媳、女婿的规定。符合《继承法》规定条件的继承人均予以列入。

8. 主要查明继承人与被继承人死亡的先后时间，核实代位继承的代位继承人、其他继承人是否符合条件。

9. 继承人丧失继承权的情况为《继承法》第七条规定的行为，未发生第七条规定情况的不写。

10. 继承人放弃继承权的，公证员应进行询问，询问过程应写入询问笔录，或者提交经公证的放弃继承权声明书，但应注意继承人放弃继承权的行为是否致其不履行法定义务。

继承人放弃继承权的，证词中应具体写明继承人放弃继承的遗产的范围。

11. 注意正确引用《中华人民共和国继承法》、《最高人民法院关于贯彻执行〈中华人民共和国继承法〉若干问题的意见》的具体条款。

12. 所有合法继承人应全部列上。

13. 情况复杂的，可以表述具体继承份额、有无代为保管遗产的人，等等。继承人之间就遗产分割达成协议的，如协议内容合法，可以作为分割遗产的依据。

14. 申请人提供的证据材料能够说明被继承人死亡原因的，可以在证词中写明。死亡原因包括:因病、意外事件、被害、自杀、被法院宣告死亡等。如被害死亡,尤应审查是否被继承人所为,是否导致继承人丧失继承权。

15. 适用遗嘱继承的,此项为必备要素。公证机构必须向所有继承人核实用于办理继承权公证的遗嘱是否为被继承人生前所立的最后一份有效遗嘱,遗嘱是否已为缺乏劳动能力又没有生活来源的继承人保留必要的遗产份额等。

参考样式一:法定继承

公　证　书

(　　)××字第××号

申请人:甲,男(或女),××××年××月××日出生,身份证号码:××××,现住××省××市××街××号。

乙,男(或女),××××年××月××日出生,身份证号码:××××,现住××省××市××街××号。

丙,男(或女),××××年××月××日出生,身份证号码:××××,现住××省××市××街××号。

丁,男(或女),××××年××月××日出生,身份证号码:××××,现住××省××市××街××号。

委托/法定代理人:A,男(或女),××××年××月××日出生,身份证号码:××××,现住××省××市××街××号。

被继承人:戊,女(或男),××××年××月××日出生,生前住××省××市××街××号。

公证事项:继承权

申请人甲、乙、丙、丁/法定/委托代理人因继承被继承人戊的遗产,于××××年××月××日向本处申请办理继承权公证,并提供了以下证明材料:××××。

根据《中华人民共和国公证法》的规定,本处对申请人提交的权利证明及相关证据材料进行了审查核实,并对申请人及有关人员进行了询问,现查明如下事实:

一、被继承人戊于××××年××月××日因病在×××死亡。

二、继承人甲、乙、丙、丁/法定/委托代理人向本处申请继承被继承人戊遗留的财产(被继承人戊生前与其妻子甲的夫妻共同财产),包括:

（一）坐落在××××的房屋，《房屋产权证》编号：××××。

（二）存款：人民币（或美元等）××××元，现存××银行，存单号码：××××。

（三）其他财产/财产权利。

三、据被继承人戊的所有继承人甲、乙、丙、丁称，被继承人戊生前无遗嘱，亦未与他人签订遗赠扶养协议。继承人对被继承人生前无遗嘱及遗赠扶养协议无争议，截至本公证书出具之日亦未有他人向本处提出异议。

四、被继承人戊的配偶甲；戊的儿子乙；戊的父亲丙；戊的母亲丁。

五、现甲、乙均表示要求继承被继承人戊的遗产，丙、丁、A表示放弃对被继承人戊的遗产继承权。

根据上述事实并依据《中华人民共和国继承法》第三条的规定，被继承人戊死亡时遗留的上述个人合法财产为戊的遗产（或依据《中华人民共和国继承法》第三条、第二十六条的规定，上述夫妻财产的一半为死者戊的遗产）。根据《中华人民共和国继承法》第五条、第十条、第二十五条的规定，被继承人的遗产应由其配偶甲、儿子乙、父亲丙、母亲丁共同继承，因丙、丁表示放弃对被继承人戊的遗产继承权，因此，兹证明被继承人戊的遗产由甲、乙共同继承（或者根据继承人之间就分割遗产达成的协议，被继承人戊的遗产由×××、×××继承）。

中华人民共和国××省××市××公证处

公证员（签名章或签名）

××××年××月××日

参考样式二：代位继承1

公　证　书

（　）××字第××号

申请人：甲，男（或女），××××年××月××日出生，身份证号码：××××，现住××省××市××街××号。

乙，男（或女），××××年××月××日出生，身份证号码：××××，现住××省××市××街××号。

委托/法定代理人：B，男（或女），××××年××月××日出生，身份证号码：××××，现住××省××市××街××号。

被继承人：A，女（或男），××××年××月××日出生，生前住××省××市××街××号。

公证事项:继承权

申请人甲、乙因继承被继承人 A 的遗产,于××××年××月××日向我处申请办理继承权公证,并提交了如下证明材料:

根据《中华人民共和国公证法》的规定,本处对申请人提交的权利证明及相关的证据材料进行了审查核实,并对申请人及有关人员进行了询问,现查明如下事实:

一、被继承人 A 于××××年××月××日因病在×××死亡。

二、申请人甲、乙向本处申请继承被继承人 A 遗留的财产(被继承人 A 生前与其妻子甲的夫妻共同财产),包括:

(一)坐落在××××的房屋,《房屋产权证》编号:×××××。

(二)存款:人民币(或美元等)××××元,现存×××银行,存单号码:××××。

(三)其他财产/财产权利。

三、据被继承人 A 的继承人甲、乙、×××称,被继承人 A 生前无遗嘱,亦未与他人签订遗赠扶养协议。继承人对被继承人生前无遗嘱及遗赠扶养协议无争议,截至本公证书出具之日亦未有他人向本处提出异议。

四、被继承人 A 的配偶甲;A 的子女共三人:长子乙、次子丙、三子 B;A 的父亲丁;A 的母亲戊。

其中 A 的父亲丁、A 的母亲戊已分别于××××年××月××日和××××年××月××日先于 A 死亡。次子丙于××××年××月××日先于被继承人 A 死亡。

次子丙现有一子一女:儿子 B、女儿 C。

五、现甲、乙均表示要求继承被继承人 A 的遗产(或×××及关系人 B 表示放弃对被继承人 A 的遗产继承权)。

根据上述事实并依据《中华人民共和国继承法》第三条的规定,被继承人 A 死亡时遗留的上述个人合法财产为 A 的遗产(或依据《中华人民共和国继承法》第三条、第二十六条的规定,上述夫妻财产的一半为死者戊的遗产)。根据《中华人民共和国继承法》第五条、第十条的规定,被继承人的遗产应由其配偶、子女、父母共同继承。因 A 的父亲丁、母亲戊均先于 A 死亡,关系人 B 放弃继承上述遗产,故被继承人 A 的遗产应由其配偶甲、长子乙、次子丙共同继承。又因被继承人 A 的次子丙已先于其死亡,并遗有子女各一人,根据《中华人民共和国继承法》第十一条的规定,次子丙应继承的份额由其儿子 B、女儿 C 代位继承。

综上,兹证明被继承人 A 的遗产应由甲、乙、B、C 共同继承。

中华人民共和国×× 省××市××公证处

公证员(签名章或签名)

××××年××月××日

参考样式三:代位继承 2

公　证　书

(　　)××字第××号

申请人:甲,男(或女),××××年××月××日出生,身份证号码:××××,现住××省××市××街××号。

乙,男(或女),××××年××月××日出生,身份证号码:××××,现住××省××市××街××号。

委托/法定代理人:己,男(或女),××××年××月××日出生,身份证号码:××××,现住××省××市××街××号。

被继承人:A,女(或男),××××年××月××日出生,生前住××省××市××街××号。

公证事项:继承权

申请人甲、乙因继承被继承人 A 的遗产,于××××年××月××日向本处申请办理继承权公证,并提交了如下证明材料:

根据《中华人民共和国公证法》的规定,本处对申请人提交的权利证明及相关的证据材料进行了审查核实,并对申请人及有关人员进行了询问,现查明如下事实:

一、被继承人 A 于××××年××月××日因病在×××死亡。

二、申请人甲、乙向本处申请继承被继承人 A 遗留的财产(被继承人 A 生前与其妻子甲的夫妻共同财产),包括:

(一)坐落在××××的房屋,《房屋产权证》编号:×××××。

(二)存款:人民币(或美元等)××××元,现存×××银行,存单号码:××××。

(三)其他财产/财产权利。

三、据被继承人 A 的所有继承人甲、乙、×××称,被继承人 A 生前无遗嘱,亦未与他人签订遗赠扶养协议。继承人及关系人对被继承人生前无遗嘱及遗赠扶养协议无争议，截至本公证书出具之日亦未有他人向本处提出异议。

四、被继承人A的配偶甲；A的子女共三人：长子乙、次子丙、三子己；A的父亲丁；A的母亲戊。

其中A的父亲丁、A的母亲戊已分别于××××年××月××日和××××年××月××日先于A死亡。次子丙于××××年××月××日先于被继承人A死亡。

次子丙现有一子一女：儿子B、女儿C。

丙死后，丙的妻子D与其公婆A、甲共同生活，并且D对其公婆尽了主要赡养义务。

五、现甲表示要求继承被继承人A的遗产，乙、己表示放弃对被继承人A的遗产继承权。

根据上述事实并依据《中华人民共和国继承法》第三条的规定，被继承人A死亡时遗留的上述个人合法财产为A的遗产（或依据《中华人民共和国继承法》第三条、第二十六条的规定，上述夫妻财产的一半为死者戊的遗产）。根据《中华人民共和国继承法》第五条、第十条、第二十五条的规定，被继承人的遗产应由其配偶、子女、父母共同继承。因A的父亲丁、母亲戊均先于A死亡，乙、己表示放弃对被继承人A的遗产继承权，故被继承人A的遗产应由其配偶甲、次子丙共同继承。又因被继承人A的次子丙已先于其死亡，并遗有子女各一人，根据《中华人民共和国继承法》第十一条的规定，次子丙应继承的份额由其儿子B、女儿C代位继承。但，丙死后，丙的妻子D与其公婆A、甲共同生活，并且D对其公婆尽了主要赡养义务，根据《中华人民共和国继承法》第十二条的规定，D应作为A的第一顺序继承人继承A的遗产。

综上，兹证明被继承人A的遗产应由甲、D、B、C共同继承。

中华人民共和国××省××市××公证处

公证员（签名章或签名）

××××年××月××日

参考样式四：法定继承（转继承）

公　证　书

（　）××字第××号

申请人：甲，男（或女），××××年××月××日出生，身份证号码：××××，现住××省

××市××街××号。

乙，男（或女），××××年××月××日出生，身份证号码：××××，现住××省××市××街××号。

丙，男（或女），××××年××月××日出生，身份证号码：××××，现住××省××市××街××号。

丁，男（或女），××××年××月××日出生，身份证号码：××××，现住××省××市××街××号。

委托/法定代理人：A，男（或女），××××年××月××日出生，身份证号码：××××，现住××省××市××街××号。

被继承人：戊，女（或男），××××年××月××日出生，生前住××省××市××街××号。

公证事项：继承权

申请人甲、乙、丙、丁因继承被继承人戊的遗产，于××××年××月××日向本处申请办理继承权公证，并提交了如下证明材料：

根据《中华人民共和国公证法》的规定，本处对申请人提交的权利证明及相关证据材料进行了审查核实，并对申请人及有关人员进行了询问，现查明如下事实：

一、被继承人戊于××××年××月××日因病在×××死亡。

二、继承人甲、乙、丙、丁向本处申请继承被继承人戊遗留的财产（被继承人戊生前与其妻子甲的夫妻共同财产），包括：

（一）坐落在××××的房屋，《房屋产权证》编号：××××。

（二）存款：人民币（或美元等）××××元，现存×××银行，存单号码：××××。

（三）其他财产/财产权利。

三、据继承人戊的所有继承人甲、乙、丙、丁、×××称，被继承人戊生前无遗嘱，亦未与他人签订遗赠扶养协议。继承人及关系人对被继承人生前无遗嘱及遗赠扶养协议无争议，截至本公证书出具之日亦未有他人向本处提出异议。

四、被继承人戊的配偶甲；戊的儿子乙、A；戊的父亲丙；戊的母亲丁。

其中戊的儿子乙于××××年××月××日死亡。

五、现甲表示要求继承被继承人戊的遗产，A、丙、丁表示放弃对被继承人戊的遗产继承权。

根据上述事实并依据《中华人民共和国继承法》第三条的规定，被继承人戊死亡时遗留的上述个人合法财产为戊的遗产（或依据《中华人民共和国继承法》第三条、第二十六条的规定，上述夫妻财产的一半为死者戊的遗产）。根据《中华人民共和国继承法》第五条、第十条、第二十五条的规定，被继承人的遗产应由其配偶甲、儿子乙、父亲丙、母亲丁共同继承，因丙、丁、A表示放弃对被继承人戊的遗产继承权（或×××先于被继承人戊死亡），故被继承人戊的遗产由甲、乙共同继承（或×××一人继承）。又，因乙在尚未实际取得遗产时死亡，根据最高人民法院《关于贯彻执行〈中华人民共和国继承法〉若干问题的意见》第五十二条规定，其应继承遗产的权利转移给乙的合法继承人。

中华人民共和国××省××市××公证处

公证员（签名章或签名）

××××年××月××日

参考样式五：法定继承（有限责任公司股东资格继承）

公　证　书

（　）××字第××号

申请人：甲，男（或女），××××年××月××日出生，身份证号码：××××，现住××省××市××街××号。

乙，男（或女），××××年××月××日出生，身份证号码：××××，现住××省××市××街××号。

丙，男（或女），××××年××月××日出生，身份证号码：××××，现住××省××市××街××号。

丁，男（或女），××××年××月××日出生，身份证号码：××××，现住××省××市××街××号。

被继承人：戊，男（或女），××××年××月××日出生，生前住××省××市××街××号。

公证事项：继承权

继承人甲、乙、丙、丁因申请继承被继承人戊的遗产，于××××年××月××日向本处申请办理继承权公证，并提交了以下证明材料：

根据《中华人民共和国公证法》的规定，本处对申请人提交的权利证明及相关证明材料进行了审查核实，并对申请人及有关人员进行了询问，现查明如下事实：

一、被继承人戊于××××年××月××日因××在××市死亡。

二、根据继承人甲、乙、丙、丁提供的证明材料，被继承人戊生前为××××有限责任公司股东，死亡时遗有登记在其名下的××××有限责任公司×%的股权。

三、据继承人甲、乙、丙、丁称，被继承人戊生前无遗嘱，亦未与他人签订遗赠抚养协议。

四、被继承人戊的配偶为甲；被继承人戊的子女共三人，分别为乙、丙、丁。被继承人戊的父亲为A，被继承人戊的母亲为B。其中，被继承人戊的父亲A于××××年××月××日先于被继承人戊死亡；被继承人戊的母亲B于××××年××月××日先于被继承人戊死亡。

五、××××有限责任公司公司章程中没有关于公司自然人股东死亡后其合法继承人不得继承股东资格的规定。

六、现甲、丙、丁表示要求继承被继承人戊的上述遗产，乙表示放弃被继承人戊的上述遗产。

根据上述事实并依据《中华人民共和国继承法》第三条的规定，被继承人戊死亡时遗留的上述个人合法财产为戊的遗产(或根据《中华人民共和国继承法》第三条、第二十六条的规定，被继承人戊死亡时遗留的上述财产为被继承人戊与其配偶甲的夫妻共有财产，其中的一半即××为被继承人戊的遗产)。根据《中华人民共和国继承法》第五条、第十条、第二十五条和《中华人民共和国公司法》第七十六条的规定，被继承人戊死亡后，其股东资格应当由其配偶甲、父亲A、母亲B、子女乙、丙、丁共同继承，因A、B先于被继承人戊死亡，乙放弃继承被继承人戊的上述遗产，兹证明被继承人戊死亡时遗有的上述××××有限责任公司股东资格由甲、丙、丁共同继承。

中华人民共和国××省××市××公证处

公证员(签名章或签名)

××××年××月××日

参考样式六：遗嘱继承

公 证 书

（　）××字第××号

申请人：甲，男（或女），××××年××月××日出生，身份证号码：××××，现住××省××市××街××号。

被继承人：A，女（或男），××××年××月××日出生，生前住××省××市××街××号。

公证事项：继承权

申请人甲因继承被继承人A的遗产，于××××年××月××日向本处申请办理继承权公证，并提交了如下证明材料：

根据《中华人民共和国公证法》的规定，本处对申请人提交的权利证明及相关的证据材料进行了审查核实，并对申请人及有关人员进行了询问，现查明如下事实：

一、被继承人A于××××年××月××日因病在×××死亡。

二、据被继承人A的所有继承人×××、×××称，被继承人A生前未与他人签订遗赠扶养协议。但A生前立有遗嘱，且该遗嘱为被继承人A生前所立的最后一份有效遗嘱。A的其他所有继承人对该遗嘱均予认可。

三、继承人甲向本处申请继承被继承人A遗留的财产（或与其妻子甲的夫妻共同财产）：

（一）坐落在××××的房屋，《房屋产权证》编号：××××。

（二）存款：人民币（或美元等）××××元，现存×××银行，存单号码：××××。

（三）其他财产/财产权利。

兹证明A生前所立遗嘱未违反《中华人民共和国继承法》的规定，真实、有效。根据A的遗嘱，A死亡时遗留的上述个人合法财产由甲继承。

中华人民共和国××省××市××公证处

公证员（签名章或签名）

××××年××月××日

参考样式七：遗赠公证书

公 证 书

( )××字第××号

受遗赠人：甲，男（或女），××××年××月××日出生，身份证号码：××××，现住××省××市××街××号。

遗赠人：乙，女（或男），××××年××月××日出生，生前住××省××市××街××号。

公证事项：接受遗赠

受遗赠人甲因继承乙遗赠人的遗产，于××××年××月××日向本处申请办理接受遗赠公证。

根据《中华人民共和国公证法》的规定，本处对申请人提交的权利证明及相关的证据材料进行了审查核实，并对申请人及有关人员进行了询问，现查明如下事实：

一、遗赠人乙于××××年××月××日因病在×××死亡。其生前在本处（或在×××公证处）立有遗赠（公证书编号：[××××]××字第××号），表示将其下列遗产遗赠给申请人甲：

（一）坐落在××××的房屋，《房屋产权证》编号：×××××。

（二）存款：人民币（或美元等）××××元，现存×××银行，存单号码：××××。

（三）其他财产/财产权利。

二、申请人甲具有民事权利能力和民事行为能力，并表示愿意接受遗赠人遗赠的财产。

综上，兹证明遗赠人乙遗赠的上述财产，为受遗赠人甲所有。

中华人民共和国××省××市××公证处

公证员（签名章或签名）

××××年××月××日

实用工具

1. 遗产继承流程图

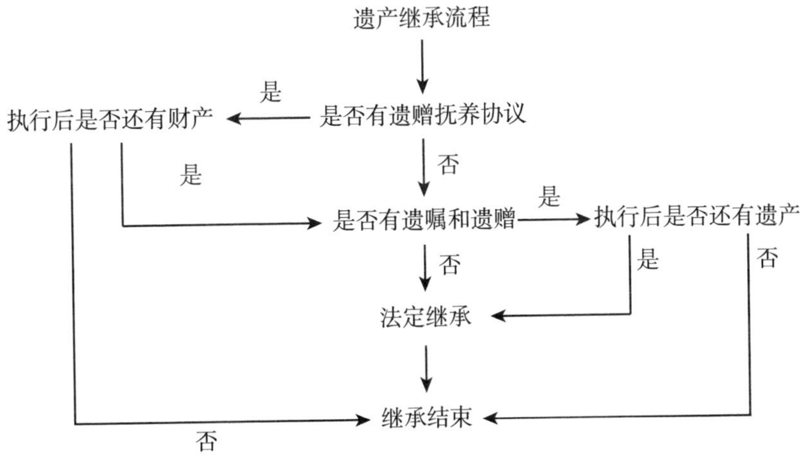
遗产继承流程
是
执行后是否还有财产
是否有遗赠扶养协议
否
是
是
是否有遗嘱和遗赠
执行后是否还有遗产
否
是
否
法定继承
继承结束
否

2. 法定继承顺序图

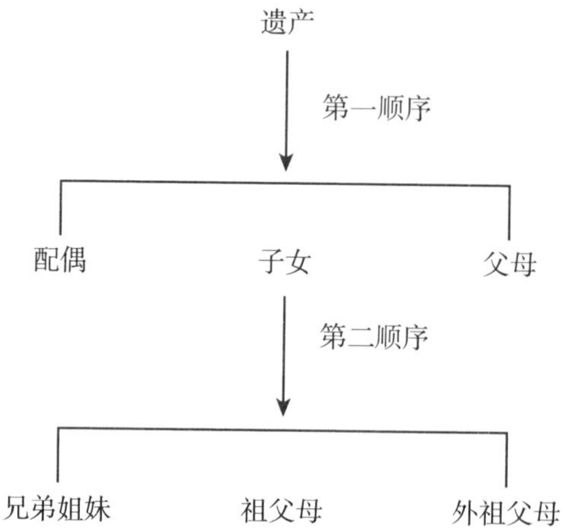

3. 遗嘱执行流程表

遗嘱执行的流程	
一	确定立遗嘱人死亡
二	确定遗嘱的真实性
三	确定继承人
四	召集继承人、受遗赠人、信托受益人，在他们和见证人前，公开遗嘱
五	收集遗产、编制遗产清册、保管遗产
六	代缴税收，清偿债务，编制债务、费用和报酬清册
七	分割遗产（如有缺乏劳动能力又没有生活来源的继承人应当保留必要的遗产）
八	向继承人、受益人交付遗产

4. 放弃继承权声明书

声明人：（写明姓名、性别、年龄、民族、籍贯、职业或者工作单位和职务、住址）

我是被继承人×××的＿（与被继承人的关系）＿，被继承人于＿（何时）＿死亡，被继承人死后遗有财产：

（具体财产内容）

根据《中华人民共和国民法典》第一千一百二十七条的规定，我是被继承人的合法继承人之一，对被继承人死亡时遗留的上述遗产享有合法继承权。

现本人郑重声明：对上述遗产，我自愿无条件放弃继承权。以上情况均真实无误，如有虚假，我愿承担由此而引起的一切经济和法律责任。

特此声明

声明人：＿＿＿＿

声明地点：＿＿＿＿

＿＿＿＿年＿＿月＿＿日

5. 民事诉讼起诉书

原告:(写明姓名、性别、年龄、民族、身份证号、籍贯、职业或者工作单位和职务、住址,如果是共同原告,则写明其他人的情况)

被告:(写明姓名、性别、年龄、民族、籍贯、职业或者工作单位和职务、住址,如果有几个被告人,按此要求一一列出)

案由:(写明起诉案件的类别名称,如离婚、购销合同纠纷。此项内容也可以不写)

诉讼请求:(写明要求解决的问题的具体内容,要求应简明、准确、全面,可以列举为一、二、三……)

事实和理由:(写明具体的时间、地点、经过、见证人等)

证据和证据来源:(如有证人,应当写明证人姓名和住址)

此致

××人民法院

具状人(起诉人):__(签字或盖章)__

________年____月____日

附:本起诉状副本份。

6.赡养继承协议书

协议人：________（写明姓名、性别、职业、家庭住址等基本情况）。

关系人：________（写明姓名、性别、职业、家庭住址等基本情况）。

上列当事人为赡养老人和财产继承一事，依照国家法律和政策，本着互谅互让、团结友爱的精神，从实际情况和需要出发，经共同协商一致，并征得关系人同意，达成以下协议：

____

____

____。

以上协议，各协议人均属自愿，保证遵照执行。

协议人：________

关系人：________

代书并见证：________律师事务所________律师

________律师事务所________律师

________年____月____日

7. 遗产分配协议书

(______)____字第____号

被继承人:________

继承人:________系被继承人之____,身份证号码:__________

继承人:________系被继承人之____,身份证号码:__________

继承人:________系被继承人之____,身份证号码:__________

继承人:________系被继承人之____,身份证号码:__________

被继承人________于________年____月____日身亡,留下遗产尚未分割,继承人在平等自愿的基础上协商一致,达成如下遗产分割协议,以资共同遵照执行:

一、各继承人应当以妥善处理被继承人后事,构建和谐的家庭氛围为原则,合理处分被继承人遗产,不得侵吞、夺占或企图侵吞、夺占其他继承人的份额。

二、各继承人应当本着利于被继承人孩子________成长的原则,照顾未成年人的利益,在遗产范围内扣除________元作为孩子抚养费用。

三、各继承人承诺遵守被继承人遗书中的意思表示,签署本协议前后均不得违背遗书中所明确的内容。

四、各继承人确认,依据法律规定,被继承人名下所有财产如下:

____

____

____。

五、各继承人确认，依据法律规定，被继承人财产分配方案如下：

____

____

____。

六、被继承人所负债务________元，由继承人________（共同）承担；为处理被继承人后事所有开支共计________元，从被继承人遗产中扣除。

七、本协议在________签署，因本协议发生的纠纷或与本协议内容相关的纠纷，由________人民法院管辖。

八、本协议一式____份，各继承人执一份，主办律师执一份，公证机构留存一份。

继　承　人：________
继　承　人：________
继　承　人：________
继　承　人：________
签约地点：________
签约时间：________

8. 自书遗嘱

立遗嘱人：____________（写明立遗嘱人的基本情况，应写明其姓名、性别、出生年月日、民族、籍贯、职业、住址。

立遗嘱的原因：____。

遗嘱的具体内容：

1. 遗产的范围

____

____

____（写明遗产的范围，具体包括个人遗产的名称、数额、价值、存放处所）。

2. 个人遗产的具体分配方案

____

____

______（写明对个人遗产的具体处分意见：由哪个继承人继承哪一部分财产；若继承人是数人的，应分别写明各自的继承份额）。

3. 其他事项

____

____

______（写明其他需要嘱托或说明的问题，如要求遗嘱继承人承担立遗嘱人丧葬的义务、指定遗嘱执行人等）。

本遗嘱一式____份，由______保存，由______具体执行。

立遗嘱人：________

________年____月____日

立遗嘱地点：________

9. 代 书 遗 嘱

立遗嘱人：________（写明立遗嘱人的基本情况，应写明其姓名、性别、出生年月日、民族、籍贯、职业、住址等项）。

立遗嘱的原因：________________。

遗嘱的具体内容：

1. 遗产的范围：

____

____

____

________（写明遗产的范围，具体包括个人遗产的名称、数额、价值、存放处所）。

2. 个人遗产的具体分配方案：

____

____

____

________（写明对个人遗产的具体处分意见：由哪个继承人继承哪一部分财产；若继承人是数人的，应分别写明各自的继承份额）。

3. 其他事项：

____

____

____

________（写明其他需要嘱托或说明的问题。如要求遗嘱继承人承担立遗嘱人丧葬的义务、指定遗嘱执行人等)。

本遗嘱一式____份,由________保存,由________具体执行。

立遗嘱人:________

见证人:________

代书人:________

________年____月____日

立遗嘱地点:________

10. 附义务遗嘱

本人因________________,特立以下遗嘱,具体内容如下:

1. 遗产的范围:

____

____

____

____

________(写明遗产的范围,具体包括个人遗产的名称、数额、价值、存放处所)。

2. 个人遗产的具体分配方案:

____

____

____

________(写明对个人遗产的具体处分意见:由哪个继承人继承哪一部分财产;若继承人是数人的,应分别写明各自的继承份额)。

3. 其他事项:

____

____

____

________(遗嘱人对继承人或受遗赠人取得遗产所附加的条件,并写明其他需要嘱托或说明的问题。如要求遗嘱继承人承担立遗嘱人丧葬的义务、指定遗嘱执行人等)。

本遗嘱一式____份，由________保存，由________具体执行。

立遗嘱人：________

________年____月____日

立遗嘱地点：________

11. 遗赠抚养协议

甲方:(遗赠人)____________

乙方:(受赠人)____________

甲乙双方就遗赠事宜达成协议如下:

一、甲方所有的____________(遗赠财产的基本情况),在甲方死亡后赠送给乙方。其所有权证明为:(拥有所有权的证据名称)。

二、乙方应于每____月____日前给付甲方生活费______元,医疗补助费______元及其他。

三、乙方应在甲方去世后____日内办理赠与财产的所有权转移手续。逾期不办的,视为拒绝遗赠,其遗产可按法定继承处理。

四、甲方应负对遗赠财产的维护责任,不得随意处理遗赠的财产。如果甲方故意将财产损坏或者送给他人的,乙方有权要求甲方修理、更换或者收回;甲方拒不修理、更换或者收回的,乙方有权终止协议。

五、乙方应当按时给付甲方费用。逾期给付的,甲方有权要求乙方履行协议。如果连续多个月份不给付费用的,甲方有权终止协议。

六、本协议自____日生效(可以是自公证之日起生效)。本协议一式两份,双方各执一份。

甲方:____________

乙方:____________

________年____月____日

12. 遗　赠　书

立遗赠人：________（写明立遗嘱人的基本情况，应写明其姓名、性别、出生年月日、民族、籍贯、职业、住址等项）。

我今年________岁了，无儿无女，患有高血压、心脏病。近几年来，我同事的女儿________照料我日常生活，多次陪我到医院治病，待我像亲生父母一样，使我生活上解除了后顾之忧，安享了晚年的余生。我自愿将自己的产业坐落在________市________区________路________号房屋________间________平方米（房产契证________号）及房内全部家具赠给________所有。在我去世之后办理。恐后无凭，立此字为证。

立遗赠人：________

（盖章）

代笔人：________

________年____月____日

13. 遗 嘱 公 证

参见司法部律师公证工作指导司《关于印发继承类、强制执行类要素式公证书和法律意见书格式的通知》。

1. 继承类要素式公证书通用格式公证书

2. 法定继承公证书

3. 代位继承公证书(1)

4. 代位继承公证书(2)

5. 法定继承公证书(转继承)

6. 法定继承公证书(有限责任公司股东资格继承)

7. 遗嘱继承公证书

8. 遗赠公证书

14. 继承纠纷案件举证指引

一般而言，继承纠纷案件需要提供以下证据，请当事人根据不同的情况自行选择：

一、证明当事人诉讼主体资格的证据

1. 证明当事人是合法继承人的，应提交结婚证、户口本、身份证或公安机关、村委会、居委会等有关部门出具的证明。

2. 当事人为无民事行为能力人或限制民事行为能力人的，还应提交监护人的身份证明资料，如身份证或户口本。

3. 代位继承的，应该提交其父亲或母亲去世的证明。

二、证明法定继承或遗嘱继承法律关系成立的证据

1. 证明法定继承法律关系成立的证据：

(1)被继承人死亡证明书。

(2)证明是被继承人养子女的，应提交收养关系证明书。

(3)证明是继承人以外的依靠被继承人抚养的缺乏劳动能力又没有生活来源的人的，或证明是继承人以外的对被继承人扶养较多的人的，应提交居委会、村委会或被继承人单位出具的相关证明。

(4)被继承人的其他法定继承人也应当作为共同原告参加诉讼。其他法定继承人已死亡或者放弃继承权利的，应当提供相应证明。

2. 遗嘱继承的，除应提交被继承人死亡证明书外，应提交如下证据：

(1)公证遗嘱的，应提交公证机关的公证书。

(2)代书遗嘱的，应提交代书遗嘱文书，并提交形成代书遗嘱时两个以上无利害关系的在场见证人相应证明。

(3)自书遗嘱的,应提交由遗嘱人亲笔书写、签名并注明年月日的自书遗书。

(4)以录音形式立遗嘱的,除提供有关录音带外,应提供两个以上无利害关系的在场见证人的证明材料。

(5)口头遗嘱的,应提供两个以上无利害关系的在场见证人相应证明。

三、证明被继承人财产范围的证据

1. 证明有房产的,应提交房产证或购房合同、交款发票或出资证明。

2. 证明有银行存款并申请法院调查的,应提交银行账号;证明有股票并申请法院调查的,应提交股东代码、资金账号;证明有车辆的,应提交行驶证、车牌号。

3. 证明被继承人在公司拥有股权的,应提交该公司的工商登记情况、出资的证明等。

4. 证明被继承人有债权债务的,除提交借据以外,必须有相关的证据佐证。

四、其他证据

1. 丧偶儿媳对公、婆,丧偶女婿对岳父、岳母,尽了主要赡养义务的,可以作为第一顺序继承人,但是需要提供相应证据,比如,证人证言、村委会证明、为老人生前治疗疾病的医疗费单据等一切可以证明尽到主要赡养义务的证据。

2. 如果其他继承人有丧失继承资格的情形,应该提供相关证据,如居委会、公安局、相关证人作出的曾经虐待老人的证据;伪造、篡改或者销毁遗嘱的证据等。

图书在版编目(CIP)数据

民法典继承编:实用问题版 / 法律出版社法律应用中心编. -- 北京:法律出版社,2021
(民法典实用问题版系列)
ISBN 978-7-5197-4810-4

Ⅰ. ①民… Ⅱ. ①法… Ⅲ. ①继承法-汇编-中国
Ⅳ. ①D923.59

中国版本图书馆 CIP 数据核字(2020)第 139504 号

民法典继承编:实用问题版
MINFADIAN JICHENGBIAN:SHIYONG WENTI BAN

法律出版社 法律应用中心 编

责任编辑 朱海波 张 颖
装帧设计 鲁 娟

出版 法律出版社
总发行 中国法律图书有限公司
经销 新华书店
印刷 天津嘉恒印务有限公司
责任校对 王晓萍 王语童
责任印制 吕亚莉
编辑统筹 法律应用出版分社
开本 A5
印张 5.25
字数 146 千
版本 2021 年 2 月第 1 版
印次 2021 年 2 月第 1 次印刷

法律出版社/北京市丰台区莲花池西里 7 号(100073)
网址/www.lawpress.com.cn
投稿邮箱/info@lawpress.com.cn
举报维权邮箱/jbwq@lawpress.com.cn
销售热线/400-660-8393
咨询电话/010-63939796

中国法律图书有限公司/北京市丰台区莲花池西里 7 号(100073)
全国各地中法图分、子公司销售电话:
统一销售客服/400-660-8393/6393
第一法律书店/010-83938432/8433 西安分公司/029-85330678 重庆分公司/023-67453036
上海分公司/021-62071639/1636 深圳分公司/0755-83072995

书号:ISBN 978-7-5197-4810-4 **定价**:20.00 元
(如有缺页或倒装,中国法律图书有限公司负责退换)

《民法典》适用与司法实务

茆荣华/主编

978-7-5197-4499-1　定价：198.00元

结合《民法典》最新的法律规定和审判实务中的50个法律适用重点问题，聚焦《民法典》的重要法律制度，为《民法典》施行后的重点、疑难法律规定的适用提供具有可操作性的实务指引，为民商事案件的办理提供有益参考。

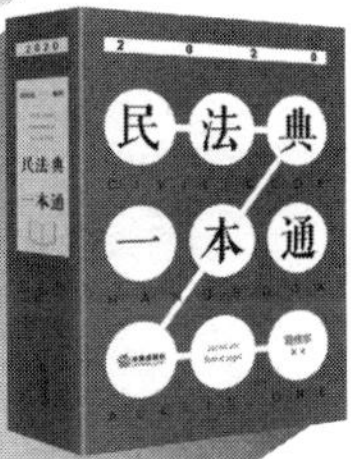

民法典一本通

葛伟军/编著

978-7-5197-4747-3　定价：186.00元

以《民法典》的结构为基础，按照总则、物权、合同、人格权、婚姻家庭、继承、侵权责任的体系编排。在体例上以民法典的条文为主线，摘编关联法律、司法解释及解释性文件、行政法规及部门规章，并以相关案例为实证。

身边的民法典（漫画说法）

张迪圣　张素/著

978-7-5197-4505-9　定价：48.00元

联系与社会大众紧密相关的衣食住行、物权合同、婚姻家庭、收养继承、购物消费及常见侵权情形等实际需求，通过形象生动的漫画展现身边常见的生活法律问题，并用通俗易懂的语言进行分析解答，为读者解决法律问题、处理法律事务提供实用的解答和指引。

中华人民共和国民法典
（学习笔记版）

978-7-5197-4820-3　定价：68.00元

本书为《民法典》的学习笔记版。根据条文内容精炼条文要旨，提炼出全文目录，方便读者查询。将法律条文序号一律由汉字改为阿拉伯数字，清晰醒目，可辨识性高。将法律条文序号、条旨、法律正文分三栏排列，方便查阅。法律条文包含多款的，分别在每一款前面标注款号，方便查找。每页的固定位置留白，供使用人评注。

民法典学习推荐读本

民法典热点问题1200问

法律出版社法律应用中心/编

978-7-5197-4916-3　定价：72.00元

本书联系与人民生活密切相关的衣食住行、物权合同、婚姻家庭、收养继承、购物消费、常见侵权等实际需求，提炼常见法律问题，依据《民法典》及相关法律法规进行分析解答，为读者处理法律事务、解决法律问题提供直接、准确实用的解答。

民法典实用问题版系列

中华人民共和国民法典：实用问题版
978-7-5197-4798-5　定价：72.00元

民法典总则编：实用问题版
978-7-5197-4814-2　定价：36.00元

民法典物权编：实用问题版
978-7-5197-4813-5　定价：55.00元

民法典合同编：实用问题版
978-7-5197-4808-1　定价：60.00元

民法典人格权编：实用问题版
978-7-5197-4812-8　定价：20.00元

民法典婚姻家庭编：实用问题版
978-7-5197-5316-0　定价：32.00元

民法典继承编：实用问题版
978-7-5197-4810-4　定价：20.00元

民法典侵权责任编：实用问题版
978-7-5197-4811-1　定价：32.00元

对《民法典》重点条文进行注解，并收录关联的法律法律法规、司法解释、部门规章。同时，结合生活实践提炼法律适用问题，为处理法律事务、解决法律问题提供实用的指引，并收录常用的法律文书（合同）范本等实用工具。